VENUS PUBLISHING CO.
金星出版
命理生活新智慧・叢書
U0097557

命理生活新智慧・叢書 64

對你有影響的

金星出版社 http://www.venusco555.com
E-mail: venusco555@163.com
venusco@pchome.com.tw
法 雲 居 士 http://www.fayin777.com
E-mail: fayin777@163.com
fatevenus@yahoo.com.tw

法雲居士⊙著

國家圖書館出版品預行編目資料

對你有影響的日月機巨(中)／
法雲居士著， --第一版--臺北市：
金星出版：紅螞蟻總經銷，
2006[民94]； 冊 ；公分
—（命理生活新智慧叢書；63-64）

ISBN 957-8270-55-0（上冊：平裝）
ISBN 957-8270-58-5（中冊：平裝）

1.命書

293.1 93021897

對你有影響的 日月機巨《中冊》

作　　者：法雲居士
發 行 人：袁光明
社　　長：袁光明
編　　輯：王璟琪
總 經 理：袁玉成
地　　址：台北市南京東路三段201號3樓
電　　話：886-2-25630620，886-2-23626655
傳　　真：886-2365-2425
郵政劃撥：18912942金星出版社帳戶
總 經 銷：紅螞蟻圖書有限公司
地　　址：台北市內湖區舊宗路二段121巷19號
電　　話：(02)27953656(代表號)
網　　址：http://www.venusco555.com
E-mail：venusco555@163.com
venusco@pchome.com.tw
法雲居士網址：http://www.fayin777.com
E-mail：fayin777@163.com
fatevenus@yahoo.com.tw

版　　次：2006年1月　出版　2020年9月　加印
登 記 證：行政院新聞局局版北市業字第653號
法律顧問：郭啟疆律師
定　　價：280元

行政院新聞局局版北字業字第 653 號
(本書遇有缺頁、破損倒裝請寄回更換)

ISBN :957-8270-58-5（平裝）

序

在寫這本對你有影響的『日月機巨』中冊的時候，適逢愛因斯坦逝世五十周年，全世界都在緬懷紀念他，當然更忘不了他那知名的『相對論』質能轉換的公式了。

$$E = MC^2$$

能量＝質量×光速×2

當初愛因斯坦發表文章時，原本的公式是以 $M \quad E/C^2$ 出現的，他是『用純粹的能量』來解釋程質量生成的狀況。所以此公式又可說是物質的存在其來源是由於能量，因宇宙是由各種物質所構成，總而言之，宇宙最根本的基礎，也就是由能量所構成的了。光速指的就是時間，所以物質的形成，就是質量除以時間的二倍（或平方）。

愛因斯坦在相對論中談的是時間，我們命理學最基本的也是以時間為一主幹。愛因斯坦認為在宇宙各處的時間都不相同，時間在宇宙中的速度

也不一樣。並認為人腦對時間的感覺會改變時間的狀態，也就是說『你的意識會改變時間。』而且相對論中的時間和空間可分別結合四度空間。所以愛因斯坦的相對論是最能解釋命理子中對時間的感覺理論的了。

我把$E=MC^2$用命理學的方式來表現出來，你就會知道人類運氣和命運的結構關係是怎樣生成的了。

$E=MC^2$

人的能量＝人的質量×時間的2倍

(超旺運運氣)＝(本命帶財)×時間的2倍

在這裡我們所稱『人的能量』是指人一生中能達到人生成功最高層次的極限。當然這個人生最高層次的極限是包括了暴發運的爆，以及立功、立德、立言的三不朽，以及名揚四海或主富、主貴的機運等等。指的是人一生中最大的成就，也指的是人的能力強度。

『人的質量』指的是本命帶財的多寡，以及主貴的層次。是指本身的內涵、出生家庭、與人生結構。

時間的平方或雙倍，指的是兩種時間的形式。一種是人出生的時間標的，一種是人命存活在宇宙上的時間長短的時間。

那很容易你就會得到下面一條公式了。

$$M\ \ E/C^2$$

$$\text{人的質量} = \frac{\text{人的能量(人的最高旺運機會)}}{\text{時間2倍}}$$

通常，人的質量不佳時，能力差，為市井小民或不學無術的人，也會是難求溫飽，為非做歹的人，這當然會是他們出生的時間不好，但這些人中也會有人有暴發運的機會和時間，或是行運至人生最高旺運時刻，這就是說他們可在某個特定時間具有旺運能量，也能改變『人的質量』。所以運行的時間就特別重要了。出生的時間你不能做主，那生存活著的時間你就非得把握住重要關鍵點了。

當人的能量不佳時，有時也會是人本身的質量不好，或是時間的問題變化較多所形成的。所以當你想發揮你的能量時，又力不從心，首先就要

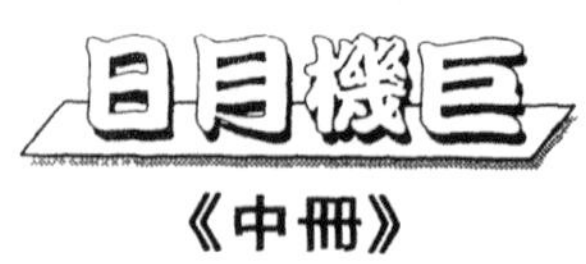

先把自己的質量層次調高。多學習或多學一些手藝、觀念，專業知識，再配合旺運時間，就能改善並抓住，以及形成你的能量，來創造人生富貴的奇蹟了。

諾貝爾物理獎得主威爾澤克先生說：『宇宙是個奇妙的地方。』又說：『我們都是光的孩子。』這是一點也不錯的！我們都是時間的孩子，沒有時間，人就生不出來。沒有時間，運氣就不能形成。沒有時間，宇宙就得停留在未形成的時候了。人類對宇宙的認識仍極其有限，所以宇宙對我們人類來說，真是個奇妙無窮的所在了。在此，我希望藉由對物理公式的探討來發現我們每個人真正的價值，在此與讀者共勉之！

法雲居士　謹識

命理生活叢書64

中冊目錄

《中冊》

《中冊》

下冊目錄

《中冊》

《中冊》

上冊目錄

《中冊》

第七章　太陰的特質與格局

第一節　太陰的特質

太陰的特質

太陰星，指的就是夜晚當空的明月。它也是中天主星，不分南北，五行屬水，為陰水，癸水。化氣為富，為田宅之主宰。象徵『陰性』，又為母星或妻宿。在顏色上主黑色。在生子預測上主生女。

同時，**太陰為財星，又主人生中之快樂享受**。所有的人以太陰為母星或代表女兒。男子又以太陰代表妻星。如太陰入命的女子，多半與家中母親或女性長輩、同輩、晚輩緣淺不和。太陰入命的男子，易與妻子緣淺、有介蒂，但與外面的女性很聊得來。

太陰坐命的人，以夜間生的人為吉。白日生的人，雖命宮居旺亦需扣分。太陰入命，必先考其上弦或下弦，以近月圓時為最佳。上弦為上半個月所生，下弦為下半個月所生。

太陰具有刑剋特色：太陰入命宮的人，幼年刑剋母親。女命中年不利自己。男命若太陰落陷、不利妻女。太陰守命，夜生人最不宜落陷，陷則剋母，剋妻。太陰坐命宮，往往用來推斷母親之吉凶。母不存時，女命太陰就代表自己。男命就代表妻女。妻不存時，太陰就代表女兒。皆有不利或相處不和諧之狀況。

太陰在卯、辰、巳、午為失輝落陷。在酉、戌、亥、子為廟旺之鄉。在丑、未宮有太陽同宮，在丑宮，是太陰居廟、太陽落陷，表示是以財為主，以陰柔為主、陽剛氣較弱的狀況。在未宮是太陰居平、太陽居得地的旺位，是陽氣稍盛，陰氣弱的狀況，同時也是以事業為重，以官貴為重，以財為輕的狀況。**丑、未宮為月亮出入起落之門。丑宮為月門**。

太陰居旺、居廟時，無論男女命，皆主個性溫和、穩重正直、聰明清秀、節行高尚、多學多能。且主有陰財、有房地產、能存私房錢，有富貴，一生享福快樂。太陰居旺入命的人，會生活穩定，注重感情上的享樂，本命是『機月同梁』格，故會有固定的職業，有月薪可拿，按部就班的過日子。其他的時間就是享樂的時間了。

太陰居陷、居平時，仍性格溫和、清秀，但命中財少，也會小氣吝嗇，喜歡存錢，及想買房地產，但存不住錢，房地產也易失去而再買進，進出多次，一生生活不富裕。

太陰的實質意義：是表現一個人的『內在』深層的感情模式，及具有『帶財』的意義。這個內在含有的感情模式，不但存在於人的精神意念之中。在靈魂和元神之中。同時這也代表了『財』與『情』的象徵意義，這也是上天所賦予的自然能力，會因為感情的波動，『才』與『財』會從之增長或減少。

太陰會影響地球上潮汐起落周期

太陰就是月亮，也就是月球，它與地球之間相互有吸引力，而形成地球上海洋潮汐有周期性。這個周期性相對的帶給地球上生物也有許多影響。例如海洋有定期的滿潮、漲潮，陰性動物有月經，

許多性格敏感的人也會受潮汐周期的影響，情緒不穩，尤其在大潮來臨漲潮時，容易發作。

太陰代表潛層意識與命運的陰柔面

太陰代表人或動物的潛層意識，因此容易及喜歡在暗地裡斂事一些思想上或意識上的活動。例如內心中對愛情的一種抒發或意淫等等。這些活動，表面上並不表現出來，但實際上在其人內心中都是波濤洶湧，並足以引導及影響其人一生命運的。就因為這些人內心的活動太多，所以他們具有母性的、女性化的雌性激素太多，也會讓其人生較注重家庭面和較生活化的方式，對事業、工作、陽性、剛性會排斥。其人也會因為潛意識活動的關係、敏感性強、靈動力量特強，而能感受到三度空間的東西，或與鬼神通話、扶乩，

是八字全陰者，特別敏感的靈動力了。

所有以太陰在『命、財、官』、『夫、遷、福』等宮的人，較重視人生中的享樂面，與家同樂，或生活上的樂趣，或是感情上的交匯，對工作、事業只要有固定收入就好了，並不是非常緊張的。

太陰代表『身宮』的特質

基本上，太陰是代表每個人『身宮』。『身宮』是管人內在思想與潛在意識的地方。也是每個人『元神』、『靈魂』所處之處所。太陰每三日會行一宮，尤其我們看雙胞胎命盤的時候，身宮就很重要了。兩人的命宮都一樣，但弟弟或妹妹的身宮要往後挪一位，這樣就能分出命運的變化來了。我在『假如你是個算命的』一書中，以章孝嚴、章孝慈兄弟舉例，即可知身宮對人的差別，因章孝慈身宮逢七殺而早逝。

在命理學上，身宮為太陰的人，有離祖過房（過繼給別人），或隨母再嫁等狀況。尤其是身宮為太陰居陷者更驗。因此有很多算命者會勸有此命格的小孩，要由別人帶大或重拜義父母，以免影響到自己家的父母。但人的出生是順應時間的產物，一定是在那個家庭中將要發生那樣的事情，就會誕生這樣命格的人來撫平或順應災厄的。所以不能怪小孩子的命，而是要怪大人為何不能先防微杜漸，防堵災厄不順，要是先做到了讓家宅中每個人都平順無災，就都會生出好命帶財的小孩出來了。

太陰是財星的特質

太陰是財星，其特質是陰財，屬於銀行中的存款，及房地產、土地之財，同時也屬於一個月發放一次的財，所以也代表薪水和房租收入。太陰是田宅主，和房地產的關係深厚。凡是命宮有太陰星的人，都會一生念茲在茲的想買房子、土地和存錢。他們存錢的方法就是以房地產的數量來評定的。但某些受到刑剋的太陰坐者也未必存得住錢及房地產，所以容易形成他們精神上的痛苦。他們會以為有了房地產，人生就穩定而成功了，沒有房地產，人生就不穩定和失敗了。他們並不是以事業的成敗為人生的目標，反而是以房地產的有無為人生目標。

太陰的財，也代表一種溫和和圓融，更代表愛情及羅曼蒂克的氣氛和內心溫暖的愛情。因此當你命格中的太陰居旺時，無論在那一宮，你都會是個懂得用溫暖的心去體貼別人的人。如果在你的命格中，太陰是居陷的，則你命中財少，並且對人的情份少、敏感性少，也不太會看人眼色，反應較遲鈍，也易不受人喜愛，自己不會表達感情，同時也不易從別人處接收感情的訊息。

凡是命格中太陰居陷的人，多半具有『日月反背』的格局，最好的方式就是白天多做一些日照的活動，去曬曬太陽，晚間多在月光下散步，俗稱曬月亮。如此吸收日月精華，即能改變人的磁場，使運氣變好了。

當你的命盤上之太陰是居旺、居廟時，又無刑剋，表示你本命財多，命底厚實，性情會好，一生錢財上是難不倒你的。**太陰是人生中基本的財**。人生基本財豐厚了，再加上後來人生中所賺的錢，自然這個人會過得很富裕了。倘若命盤中的太陰是陷落或居平的，那其人之人生基本的財就較貧乏，再加上後天努力亦會不足，自然

這個人的人生會過得辛苦窮困了。

太陰在命宮，其人會年少時為臉色青白色。老年時面色為青黑色，為圓略帶方的臉型，為中高身材，居旺時微胖，居陷時較瘦。其人性格仁慈、博愛，但會有心機、較陰沈、有疑心病。其人外表文靜、外柔內剛，文質彬彬，但內心性急好動，特別敏感、心靈脆弱，喜歡談戀愛，有感情方面的困擾。**此命的女子**，特別有女性美、桃花多，得異性喜愛。**此命的男子**，外表有女性化的特徵，某些人有娘娘腔，他們容易得女子之助而成功。命宮有化權、化祿、化科者，必得女性幫助而趨吉成功。但要小心桃花星多時，會因女性而失敗。太陰坐命的男子都喜歡接近女性，溫柔多情、好談天、重感情，但真正喜歡的女子卻不易相處。太陰坐命的人，都酒量不錯，酒店中的酒客、酒店小姐也多半容易是太陰坐命的人。

太陰坐命，沒有沖剋的人，有潔癖，喜歡留長髮，喜歡浪漫和談情說愛，所以在人生中會浪費很多時間在談戀愛上。

太陰坐命的人，仍是『機月同梁』格的人，一定要做公務員或固定的上班族領月薪，工作穩定，才會有最佳的財運。其人一生的幸福也是在家庭之中。因為日月相吸的結果，其人最佳的、也最吸引他的對象就是太陽坐命的人，或命宮有太陽星的人，例如陽梁坐命、陽巨坐命、日月坐命等等。

太陰在兄弟宮：居旺時，兄弟多，三至五人，兄弟很貼心，感情敏感、敏銳，是穩定的公務員或上族，兄弟姐妹感情好，以姐妹對你最親密、有助益。錢財平順，你的姐妹也會較多。居陷時，兄弟姐妹二、三人，較窮、不富裕。彼此感情淡薄，尤其以姐妹感情最冷淡，彼此無幫助。

《中冊》

太陰在夫妻宮：居旺時，主男子能得女子之助而成功，妻子賢淑，持家有方，能得妻財，妻子會帶財來。主女子會有能力好、賺錢多、性格溫和、外貌俊美、內向、有同情心的配偶。若有羊陀、火鈴、化忌、劫空同宮，代表配偶貌美，氣質高雅，但感情有距離或有生離現象。居陷時，表示配偶仍長相不錯，體型瘦，但配偶較窮，不富裕，而且夫妻間感情不熱烈、較淡薄。同時夫妻宮也代表你本人的感情模式。居旺時，你內心也溫柔多情、體貼、善解人意，會內心富裕。居陷時，你內心較對人感情淡薄、多計較、小氣，會心窮。

太陰在子女宮：居旺時，有四、五人，先生女後生男，子女溫柔可愛、有貴子女，親子關係親密，你會和女兒最親，你會很有才華，這些才華會為你帶來豐厚的財祿。居陷時，子女三人，子女

為懦弱無能或虛浮無用之子。你會沒有才華，隨遇而安的過日子。

太陰在財帛宮：是賺薪水族和務員的薪水之財。量入為出、守己安份的財，且有陰財及女人財可得，陰財是指銀行的財及暗財。**居廟、居旺時**，本身薪水較豐厚富裕，能賺女人的錢，以及帶有暗財旺，在銀行中或暗地裡藏私房錢很多。能享受安享快樂的財祿。**居平、居陷時**，本身的薪水較少，手邊不充裕、較窮，同時也賺不到女人錢，或賺女人錢很辛苦。並且，陰財和暗財少，雖仍喜歡存私房錢，但存不住，易花掉。

太陰在疾厄宮：**居廟、居旺時**，健康少災。**居平、居陷時**，另有勞傷之災，女有傷殘之災。凡是命宮中有七殺星的人，疾厄宮都有這一顆太陰星。這表示其人要注意肝、腎問題，以及膀胱、泌尿及生殖系統。內分泌系統的問題，如有羊、羊、火、鈴同宮，有

下半身寒涼的問題，另有腎虧、不孕的問題。女子也要小心子宮有病症。有天空、地劫、化忌同宮時，要小心癌症。女子易得乳癌，子宮方面的癌症，男子易得生殖器及內分泌方面之癌症。

太陰在遷移宮：居廟、居旺時，表示外在的環境中溫和、多柔情蜜意，大家都會對你好。尤其周圍多女性、陰性的人、事、物。你一生不見得會成為大富翁，但仍能過富裕的日子，生活舒適。**居平、居陷時**，表示外在的環境中仍然溫和，但情份淡薄。而且較窮，別人都對你冷淡，尤其周圍的女性、陰性和你不和，你一生也不容易富裕，仍然是以薪水族過生活的環境及人生。

太陰在僕役宮：居廟、居旺時，表示朋友都是對你相互有情，對你很貼心，你也會用貼心的方法去交朋友。因此會有眾多得力的助手和朋友或部屬。以女性對你最好，女性朋友也最多。朋友

是富裕的上班族或公務人員。**居平、居陷時**，朋友較窮，對你也冷淡，感情不深，知心朋友不易得到，也無助手或部屬相幫助。

太陰在官祿宮：居廟、居旺時，表示工作、事業皆以薪水族、上班族為主。薪水還不少。也能以做與女性有關之生意，賺女人的錢為工作或事業。更適合在銀行或金融機構上班工作，能工作穩定而得財。也能以房地產、租賃、買賣為工作。**居平、居陷時**，表示工作仍是薪水族的工作，但薪水不多、較少，工作也易斷斷續續不長久，工作場所的女性同事也會對你不太友善，你在工作上的人緣不好。

太陰在田宅宮：居廟、居旺時，能擁有數量多的房地產。你很捨得在房子上裝潢美麗。同時也表示你的家中錢財富裕，家財多。你家中的人也都彼此感情親密。田宅宮是財庫，故你會財庫豐滿又守得住財。女子有此田宅宮時，能生很多小孩。**居平、居陷時**，表示房地產少、家窮，有錢也存不住，家人彼此之間感情冷淡，女子有此田宅宮，要小心子宮較弱，不易受孕。

太陰在福德宮：居廟、居旺時，表示終身能享福快樂，能享受清福，一生為思想浪漫、情緒起伏大，有陰柔氣質，是個重情不重理的人。本命財不多，但仍能享到福，別人會供給他。**居平、居陷時**，表示本命較窮，一生也享不到福，情緒波動大，常會不快樂，也易有憂鬱思想或氣質。

太陰在父母宮：居廟、居旺時，表示父母是較富裕的薪水族或公務員，父母對你很愛護關心，尤其是母親對你最好。亦表示祖上有祖產會留給你。你一生都和父母緣深、親密、離不開。**居平、居陷時**，父母較窮，父母也無暇照顧你，對你較冷淡，不算親密。

你也容易較離家打拚。

太陰剋應事物：

在人的方面：代表女性、母親、妻子、女兒，上班族、薪水族、公務人員、護士、藝術家或做藝術有關人員。銀行人員、買賣房地產之人員、代書、地政事務人員、服務員、夜間工作的人。身材婀娜多姿有女性化特徵的人、地主、房東、寓公、公家機中管理財務之人、金主、財務管理人員、金融機構、理財人員、出納及會計人員、女性主義者。裝潢人員、飾品銷售員、古董及寶石銷售員、衣飾用品人員、家飾用品人員、幼稚園老師、保育人員、地下錢莊主導人。通靈者、仙道或巫術人員、巫婆。

在事的方面：代表銀行、金融機構、地下錢莊、公家會計出納之事、普通中等官吏、中低收入薪水之事，以及暗中存錢之事，或暗中以錢財互惠之事、房地產之事、愛情之事、女性及陰性之事、用感情打動人心之事、奔波之事、存錢之事、學術及教育團體會計及籌錢之事，有神秘色彩之事。

在物品的方面：代表黑色或溫暖的，有情緒波動的、或值錢的物品，或是精緻有細花紋、有做法精細小巧的物品，或是浪漫美麗但不一定有用的物品。亦代表銀行或公家機關、學校等公共物品。代表與水有關，或暗自流動漫佈的物品，運輸業代表船舶或有軌道的電車或火車。在人臉上代表眼睛，在人身上代表內分泌的水份，流質物體，眼淚。在物品上亦代表蕾絲花邊、水晶球、化妝品、裝飾用品、珠寶、女性用品、彈簧床、沙發椅。

《中冊》

在地的方面：代表近低窪之地，有水坑、水道、井泉多的地方，河流交匯之處，以及光線不足之地，陰地、墓地、太陽光照射不到之地，代表活人不適宜住之地。亦代表運氣停滯不發，尚須等待時機的風水寶地。代表地下埋有財物之地，代表女性多及陰盛陽衰之地，代表感情豐富之地，代表情緒多變化之地，亦代表財政部、審計部、銀行、金融機構之地，亦表代幼稚園、幼兒園、幼教機構、保育機構、醫療中心、中小學校、美容機構、美容院、理髮店、按摩院、女性三溫暖店、酒店、飯店、舞廳、享樂的地方。

在建築的方面：代表橫面較寬、五行屬水的建築，代表學校或公家機關不高卻較寬大的大樓。亦代表銀行大樓及金融機構大樓。代表外型有瀑布或水池裝置的建築。外表有黑色外牆的建築、黑牆、黑瓦的建築、外觀有波浪型之建築，或外觀有巴洛克式裝飾之建築，讓人感覺溫暖、有愛心的宅第。在水邊的房子。

在疾病的方面：代表主陰虧、糖尿病、濕氣下注、肝旺目疾，氣脹、腸疾、便秘，容易有腎臟、膀胱的疾病—下腹疾病，也要小心瀉痢、陰塞、疝氣等問題。有擎羊同宮時，肯定有肝病。生殖系統有問題，要小心乳癌、子宮癌及其他方面的癌症。

第二節　太陰的格局

1.『蟾宮折桂』格

在人的命格中之夫妻宮有太陰、文曲居亥宮，稱之『蟾宮折桂』格。有博學多能、文章全盛、名氣響亮主貴的人生。亦能擁有貌美賢慧的妻子，並得妻財，一生享受富貴榮華不盡，會在學術界或文藝界任職，為『翰林清貴』之格局。

2. 『水澄桂萼』格

在子宮，有天同居旺、太陰居廟同宮，無煞星刑剋者，具有此格局。其人能得清要之職，為忠諫之材，一生不沾惹是非、正直不阿、清白守正、學識與能力皆強，得人敬重，稱之『水澄桂萼』格，適合做醫生、輔相、藝術或學術研究等工作，有名聲顯要的人生。

3. 『天梁、太陰』卻作飄蓬客

命宮為天梁，身宮有太陰者，易人生動蕩不安，東奔西走，人生飄蕩。當天梁入命宮時，其財帛宮有太陰星。而其人身宮又落於財帛宮者，易為工作、生活糊口而東奔西走，飄泊不已。

4. 『天梁、月曜』女命貧

天梁在巳、亥宮入命宮，身宮在財帛宮有太陰星居陷者，主貧困。

5. 『機月同梁』格

書云：『機月同梁作吏人』。

『機月同梁』格為命宮或命、財、官、遷、福等宮有天機、太陰、天同、天梁等四顆星的人之重要格局，這些命格的人一生都受此格局的影響，為一穩定的、用薪水階級生財，過安逸享福的日子，為積極性不足，但生活衣食無虞的生活型態的人。

6.

『同月陷宮加殺』，重技藝羸黃

天同、太陰在午宮居陷，加煞星，指有擎羊同宮，必有技藝在身，才能生活，其人也會瘦弱發黃，外表有窮相。

7.

『日月並明』格局

請看上冊第48頁解釋。

8.

『日月反背』格局

請看上冊第49頁解釋。

9.

『日辰月戌並爭耀』，權祿非淺

請看上冊第49頁解釋。

《中冊》

10. 日月夾命、夾財，不富則貴

請看上冊第50頁解釋。

11. 『日月羊陀』多剋親

請看上冊第51頁解釋。

12. 日月守不如照合，蔭福聚不怕凶厄

請看上冊第52頁解釋。

13. 日月同臨，官居候伯

請看上冊第53頁解釋。

14. 日月陷宮逢惡殺，勞碌奔波

請看上冊第53頁解釋。

第八章　太陰的形式

太陰的形式，除了分**單星形式**與**雙星的形式**之外，因太陰和地球上潮汐及世界上陰暗面有關。地球上很多具有古代歷史文化的民族都用太陰曆。因此太陰和人類生活作息有關。太陰特別注重居旺的形式和居陷的形式。居旺時表示明月皎潔、美麗浪漫、心懷多情，也帶有人情冷暖的意思。居陷時，月缺或不明、不浪漫也意識不明，太陰又為財星，故要細分旺弱。

第一節　太陰單星的形式

太陰單星的形式，會在卯宮、辰宮、巳宮、酉宮、戌宮、亥宮出現。太陰在這六個宮位出現的意義也各自不同。其意義會因本身旺弱陷落的位置，與對宮相照的星曜影響而具有各別不同之意義，自然就形成其特有的形式了。這種特有的形式再加上羊、陀、火、鈴、化忌、劫空、祿存，又會形成另一些帶有刑剋層級的形式。

其狀況略述於後：

太陰在卯宮的形式

太陰在卯宮為居陷，月亮為無光的形式。此種形式也為有刑剋及無財的形式。因對宮有天同相照，故此形式若為命宮時，其人為懶洋洋，對財錢不積極，本命較窮，但仍有人會對他好、照顧他，兄弟姐妹會有錢，會照顧他。其人的財帛宮是太陽陷落，官祿宮是天梁居旺，表示有貴人介紹工作而有飯吃。**有太陰、文曲在卯宮同宮時**，為有老天爺賞飯吃，最適合做五術命理師，或接近宗教，會有靈驗的事蹟。

太陰在卯宮為財帛宮時，財不多，財運不旺，仍是以薪水族之薪資為進財方式，手邊可花用的錢財少，會小氣，又理財能力不佳，無財可理，但會有家財及家產，父母輩有房地產留給你，故不算很窮。

太陰在卯宮為官祿宮時，表示工作所賺的薪資少，你也容易懶惰，提不勁來工作，常靠人接濟金錢。你的工作也容易是沒發展或你沒興趣的工作。

太陰化忌、祿存在卯宮的形式

太陰化忌、祿存在卯宮同宮時，是乙年生的人會遇到的，是『羊陀夾忌』的惡格，要小心在卯年有災、傷亡或不利。因太陰是居陷又帶化忌，有祿存，只是衣食溫飽之財，而且又為『祿逢沖破』，故仍有錢財困擾，而且不易做薪水族或公務員，或為薪水族或公務員，但做不長久。此形式入命宮，為頭腦不清、保守，又不太會理財的人，人緣機會也不佳。

太陰化忌、祿存在財帛宮，表示錢財不順、沒錢，又小氣，愛

存錢又存不住，一生工作能力不佳、賺錢能力不佳，一生用度也少。你亦容易常不工作靠家中過日子。

太陰化忌、祿存在官祿宮，表示做薪水族也做不長久，賺一點錢，但入不敷出。易靠家人給錢財過日子。

太陰、擎羊在卯宮的形式

太陰、擎羊在卯宮同宮時，是刑剋極重的形式。太陰居陷無財，擎羊也居陷，易有傷災、車禍、血光、瞎眼、腎臟病，流年逢之也易自殺。**入人命宮**，其人易身體傷殘、有身體外型的傷殘現象，或有不孕的問題。一生錢財少，是刑財格局。在性格上，其人會多煩憂、較懦弱、小氣、自私、心情不開朗，為一勞心勞力，無福可享之人。**此形式若在財帛宮**，表示是刑財格局，手邊錢財少，常窮困，即使有錢進來，也立刻會被花掉，根本無法存錢。本身在賺錢方面也沒能力多賺錢。**此形式若在官祿宮**，表示工作上是刑財格局，會賺錢少，工作做不久，易懶惰，或不工作，而窮困。更易不婚及易遇災而亡。

『太陰、火星』或『太陰、鈴星』在卯宮的形式

在卯宮的『太陰、火星』同宮或『太陰、鈴星』同宮，皆為刑財格局。原本太陰的財已很少了，為窮困形式，再加上火、鈴，代表的奇怪刑財色彩，以及突發事件的刑財問題，因此會更窮。**此形式入人命宮時**，代表本命窮，又思想怪異，因此會脾氣急躁、火爆，做事不長久，也易遇災而亡。**此形式若在財帛宮**，代表手邊財窮，常不富裕，但常有突發的耗財，賺錢的機會卻少之又少，因此

十分拮据辛苦，會寅吃卯糧。**此形式入官祿宮時**，代表工作不長久，就連最少的薪水也賺不到。因此易拿不到薪水，易困苦。**在命、財、官、遷、福等宮逢此形式時**，皆為性格急躁、古怪、脾氣壞，做事不長久，錢財存不住，常人生起伏、窮困無財，好大喜功、聰明過了頭，一事無成，每天追著錢跑，想賺錢，但仍無法賺到自己想賺的錢。

此形式是水火相剋的形式。在顏色上代表舊舊灰灰不好看的紅色。也代表摻入雜色的紅色，顏色不正。

『太陰、天空』或『太陰、地劫』在卯宮的形式

『太陰、天空』在卯宮的形式，是『財空』的形式，也是本來就財少或無財，又逢空。故而在人性格上會很清高、內向、天真、

幼稚、人緣不好，較孤獨、多幻想，錢財和感情方面皆很薄弱，易向宗教方面發展。

『太陰、地劫』在卯宮的形式，亦是內向、清高，有不實際的思想、人緣欠佳，較孤獨，多幻想的。此為『劫財』形式，會突發奇想，用投機方法而功虧一潰。適合走宗教路子。

這兩種形式在命、財、官、遷、福等宮，都代表命中財少，頭腦也不太好，運氣也不佳，又會產生古怪的聰明，而事情更不順，是人生無力感，做事不長久，又耗財，進財也不易。

太陰化權在卯宮的形式

太陰化權在卯宮的形式是戊年生人會有的形式。因是太陰居陷，故化權也力量不大。**此形式是指：**對女性親屬、朋友或同事、

屬下很愛管她們的事，但別人不給你管，所以也管不著。在錢財上，也是想賺錢、想掌握、想管錢而摸不到。**此形式在命、財、官、遷、福等宮逢此形式時**，都會愛管別的女性，但別人不給你管，會反駁你，你只能說酸溜溜的話，也沒法子管到。在事業方面也會一會兒想做又一會兒不想做，一會兒想打拚，一會兒又覺得為別人做不值得，因此思想反覆而不成功。你會做一些不重要或有名無實的工作。

太陰化祿在卯宮的形式

太陰化祿在卯宮的形式是丁年生的人會遇到的形式。因是太陰化祿居陷，故化祿財也不多。**此形式的意義是**：在窮的狀況下，錢財還能周轉得過來。**此形式入人命宮時**，其人性格悶、內向，但仍有圓滑的一面，至少不會太鑽牛角尖，不會想不開，有憂鬱症。因三合方位有擎羊和天梁同宮為刑蔭格局。當太陰化祿在卯宮為命宮時，其人的官祿宮就有擎羊和天梁同宮，會工作能力不強，做事不長久、懶惰、財少，沒有貴人扶持，也會無名聲、不想好好做。**當『太陰化祿在卯宮』為財帛宮時**，其命宮就是刑蔭格局的天梁和擎羊，仍是辛勞而財不多的。

當『太陰化祿在卯宮』為官祿宮時，其人命格是太陽陷落，遷移宮有陀羅、巨門相照合，其人一生是非多，有雙倍是非糾纏，是故財祿也很少了。

太陰化科在卯宮的形式

太陰化科在卯宮的形式是癸年生的人會遇到的形式。是太陰化

科居陷，是故化科也不了。**此形式的意義表示**：在窮的狀況下，還很會做事，或在不富裕的、感情冷淡的狀況下，還能表現有氣質，故做矜持狀。**此形式入人命宮時**，其人會清瘦型，並不特別美麗、態度穩重，好像會做事，但理財能力不佳，財帛宮是太陽陷落、陀羅，故仍會有錢財是非和債務，因官祿宮是天梁居旺，工作上有人介紹撐腰，好好待在工作崗位上，也可一生平順。

太陰化忌在卯宮的形式

太陰化科在卯宮的形式是乙年及庚生的人會遇到的形式。因太陰化忌為居陷的，故財窮還有錢財困擾及麻煩，易有債務及感情困擾，也易不婚。**此形式入人命宮時**，人之外型為瘦型，臉上有迷茫的表情，性格悶、內向、命窮、話不多。**乙年生人**，命宮還有祿存

同宮，為『祿逢沖破』，會保守、固執，少和人來往，和父母不親、無緣，只和兄弟姐妹感情好。**庚年生人**，其遷移宮有擎羊、天同，亦是刑福色彩，故要小心身體傷殘、福不全，皆一生較窮困苦。

太陰在辰宮的形式

太陰在辰宮的形式，太陰是居陷的，表示月亮在白日是看不到的，只看到天空中有白色的影子而已。此形式也是『日月反背』的格式。因對宮相照的戊宮中有太陽居陷無光的形式在相互對照著，是暗夜星光月光皆不明的狀況。

太陰在辰宮的形式，基本上就是『刑財』的形式，其對宮相照的太陽陷落，亦表示是『刑官』形式。表示周圍環境中就是較晦暗不明的，一生也沒什麼好運氣，容易待在浮浮沈沈、生活困頓的環境之中，一生無太大發展。在心態上，其人也會易躲在人後面，不想強出頭，也不願負責任，會中年心灰意懶，難有成就。因此當此形式出現在『命、財、官、遷、福』等宮時，對人都會造成財窮及內心寡情寡欲，做事不積極、愛情婚姻不順遂等狀況，此形式在『父、子、僕』、『兄、疾、田』等宮時，表示上述這些關係都會窮困，關係不好，有病痛、有阻礙、有瑕疵等狀況。

此形式入命宮時，其人會身材瘦型、內向、保守、愛躲在人後，不敢表現，做事也膽小、縮手縮腳，較懦弱，容易做檯面下的工作，或做幕僚、助理，不必太負責任的工作，或根本不工作。因其人的遷移宮是太陽陷落，周圍環境不佳，故一生無法成名或有成就。再加上其人的夫妻宮是空宮，官祿宮是同梁，工作形式最好是

以玩樂為主的形式為其人最愛，故一生較難負擔大任。只為糊口謀生而工作，為『機月同梁』格，薪水族命格。

此形式入財帛宮時，其人在錢財上較窮困，手邊財少、賺錢不多，也小氣吝嗇，無錢可花用。並容易工作常做做停停，做不久，或薪水太少不夠用，你仍是『機月同梁』格，為薪水族的人，不可買股票及做生意，易負債。

此形式入官祿宮時，你的工作仍是薪水族的工作，但賺錢少，你並不在意，你喜歡一面玩耍，一面工作，錢少一點也無所謂。同時你也無太大的才能用在工作上。在算錢或會計業務上，你也未必做得好，老闆也不會交太多錢給你算帳。如果你為人做會計或為某公司做會計，該公司及老闆都不會很賺錢，只是在周轉和窮困中過日子而已。

『太陰化忌、擎羊』在辰宮的形式

『太陰化忌、擎羊』在辰宮的形式，是『三重刑財』色彩的形式。太陰化忌是居陷的。擎羊是居廟的，應該是以擎羊為重的形式。這是乙年生人會遇到的，故此形式有太陰化忌和擎羊同宮。此形式有殘疾、刑剋、爭鬥、窮困、破耗等現象，更會有感情不順，男子刑剋母親、妻女，女子刑剋母親和自己等問題。

此形式入命宮時，其人常心情悶、有矛盾性格，喜歡管事、管錢，但又管不好，對人懷疑，常疑神疑鬼，與親近自己的人搞鬥爭，等到人去樓空，又希望別人能再回來一起生活，其人有頑固的想法和觀念、頭腦混亂，對事情看不清，也易吃虧上當，往往他認為好的事，都是易讓他吃虧上當的事。他認為不好的事，反而是對他有利的事，其人一生身體定有殘疾，眼睛、腎、肝、子宮、生殖系統，必有傷病所造成的傷殘。其人身體會不好，亦要小心車禍傷災或鐵器傷災與血光，此命格自幼命苦，中年以後怠惰無發展。

此形式入財帛宮時，表示一生可用的錢財少，有錢財是非與麻煩，會有債務纏身，工作也不算賣力，會做做停停，不會理財、與投資與買股票，以免欠債損失。要小心血光、傷災、傷殘問題，小心車禍！

此形式入官祿宮時，表示工作不利，賺不到錢，也常易不工作，或做做停停，賺不到錢，不可做生意或管錢，定有耗財、損失、欠債等問題發生。一生能力不佳，只會動口不動手，為無用之人。要小心血光傷災與傷殘問題，小心車禍！

『太陰、陀羅』在辰宮的形式

太陰、陀羅在辰宮的形式，有丙年生人或戊年生人之分。

丙年生人，是太陰、陀羅在辰宮，表示是『二度刑財』的形式。太陰居陷已是一度刑財，加陀羅，又是刑剋財，故為『二度刑財』，這也代表錢財已很少了，但又笨，又拖拖拉拉進不了財，拖了很久才進一點點財，實在不敷使用。**此形式入命宮時**，表示其人財窮、頭腦笨，因陀羅的特質會較明顯，其人會背壯、頭顱圓圓的、較大、略駝背，反應和思想都慢，做起事來也拖拖拉拉，因循苟且，自做聰明，陽奉陰違。其人工作不長久，常在找工作，因為當老闆發現其人每天都在打混過日子，根本沒做一點事時，就是該另找頭家的時候了。

此形式入財帛宮時，表示手中錢財窘困，常沒錢，耗財又凶，錢常拖拖拉拉進不了財，偶而有一點財進又糊里糊塗的花掉了。有此財帛宮時，也易被人騙錢。花錢與賺錢都是『笨』的模式。

此形式入官祿宮時，表示工作上賺不到什麼錢，工作賺錢少，且常起起伏伏，或工作不順利，拖拖拉拉，或不工作，或做錢少又粗重、耗費力氣或低下的工作，會做做停停不長久。

此形式入夫妻宮時，表示配偶窮又笨，配偶長相粗壯、家窮，會做費力賺錢不多的薪水族。亦代表你內心的感情模式是很會用心機，但是用一種自己想像的、笨的方式去愛別人，而且關愛的方式並不乾脆付出的形式，所以你一定會找到笨的人及活動力不佳的人，才能接受你的關愛。

此形式入遷移宮時，表示你周圍環境中是較窮及粗陋的，因此你本身的氣質和教養會不好，你周圍的人，也是較窮及較笨、較粗

俗、水準不高的人，他們對你的照顧和對你之間相互的感情也不合諧、不親密，因此你一生所受到的待遇也不好，一生的享用財富也不多，比較窮。

此形式入福德宮時，表示天生的享福程度就較窮，你的官祿宮中有擎羊，表示你工作能力不佳，做做停停，不長久，故賺錢能力不好，能享的財福也就少了。

入運程中時，表示此運是窮運、笨運，是非多之運程，要小心傷災，是鈍傷、磨傷。要小心車禍、血光、開刀。凡事會拖拖拉拉，好事會拖，壞事也會拖，很久不轉好。要小心失業，或有病痛，都會拖上一陣子，才慢慢好轉。

『太陰、火星』或『太陰、鈴星』在辰宮的形式

『太陰、火星』或『太陰、鈴星』在辰宮的形式，都是『刑財』形式。太陰在辰宮居陷，再遇火星或鈴星時，火、鈴也居陷，這是水火不調，彼此相互刑剋的狀況。辰宮是帶水潮濕的墓宮，這也代表在封閉的盛了一點水的盒子中放入一點火苗，自然這點細微的火苗是會很快的滅了。在顏色方面，代表不純淨的黑色，上面有一些古怪的偏紅黃的雜色。

『太陰、火星』在辰宮的形式入命宮時，其人外表瘦型，平常悶悶的，但性急、易衝動，喜時髦裝扮，愛漂亮，頭髮易染黃或紅色。不耐靜、好東奔西跑，靜不下來，耗財多，喜東買西買。自以為聰明，也喜亂投資，工作做不長久，喜新厭舊，內心不實在，人生起伏大，小心造成債務纏身，有擎羊、化忌在三合或對宮沖照

時，有不善終易自殺的狀況。

『太陰、鈴星』在辰宮的形式入命宮時，其人外型瘦型、性格悶、頭腦有古怪聰明，喜時髦、新鮮事物，頭髮易染色、不耐靜，內心衝動、攻心計、帶險惡、好嫉妒跟報復，工作不長久，內心也不實在，也會因小失大，或自做聰明投資而失敗，基本上你仍是薪水族，不適合投資，否則會揹債。有化忌、擎羊在三合或對宮沖照時，易自殺不善終。

『太陰、火星』或『太陰、鈴星』的形式入財帛宮時，表示財窮，有意外耗財和意外之災。是原本不多的錢財，又消耗及跑走的快，是根本無法存住的。火、鈴居陷的關係，也不可能有小偏財。又容易工作不順利，高興時做一些臨時性工作，不高興就不做，錢財也有古怪現象，是偶而進一些，常無財可進。所進之財也是極少的小財，根本不夠用。因此常在窮困之中。

此形式入官祿宮時，是工作上偶而有一些工作，並不長久性的工作。偶而做做臨時性工作，湊湊熱鬧，一下子又沒有了，是經常沒工作的，你會到處奔波忙碌，做事草率，言行不實在，聰明不實際，算是窮忙一場的人，你也會有奇怪的邏輯理念來掩飾你無法有能力來積極努力工作的缺憾。

此形式入運程中時，要小心傷災、車禍與意外之災、流行病的傳染，以及火傷、燙傷、火災。也要小心意外損失是由自己突然出現的古怪聰明所造成的。

『太陰、天空』、『太陰、地劫』在辰宮的形式

『太陰、天空』、『太陰、地劫』在辰宮的形式，是原來已至窮

困的財運更逢空遭劫。這是層次更低的『財空』與『劫財』形式。大致上是根本無財、無祿了。但仍偶而會有臨時出現的，或別人給的財，可供給用度。只是自己清高、不實際、又想怪方法，不付出，也不想得太多的方式。**如入命宮**，易入宗教棲身，或靠人過日子，其人福德宮會有另一個地劫或天空，和巨門同宮，表示不用腦子想、不多是非，便一生清閒快樂，如果用古怪的聰明，與不實際的想法，會萬事皆空，也易命不長。

此形式入財帛宮時，表示是內心空空，財也空空。因為不會計算財務，不會記帳，不會理財，故財窮、錢財空，或被劫財。亦會頭腦對錢財的觀念不實際，而工作不長久，不易賺錢。更要小心手中的錢財極易成空。宜買房地產來儲蓄，才能留存。

此形式入官祿宮時，表示頭腦空空，但有怪異的、出群的超世聰明，在工作上根本賺不到錢，也會工作不長久，理財能力差。因為遷移宮會有另一個地劫或天空，和巨門同宮，表示環境中無爭鬥、是非，便無財可賺。而你的環境中常是爭鬥少的狀況，所以你也很閒，無事可做，一生無成就和發展。做宗教事業較好。你全靠家人或父母吃飯。

此形式入運程中時，表示財空、劫財及無人緣機會，也無積蓄，亦無姻緣，要小心失業、失戀、失敗、耗財以及凡事易成空。也要小心自己自做聰明而工作失敗或成空。此運是財窮的運程，也不利升官、考試、讀書、開業、投資、諸事不宜。

太陰化權、陀羅在辰宮的形式

太陰化權、陀羅在辰宮居陷的形式是戊年生人會遇到的形式。

此形式表示：喜歡管錢或管女性部屬或家人，但又不一定管得動，愛管，而別人不給你管，並且你又拖拖拉拉，瞻前顧後的管不好，惹人報怨。或財少，又進不了財，要管也沒錢管。是捉襟見肘，惹人討厭的狀況。

此形式入命宮時，會與家中女性或外面的女性常有衝突、愛管別的女生，又笨，又管不好，說的話沒說服力，讓人煩感。在理財方面也很笨，喜歡管錢，但管不好，常有耗財、堵不住缺口，因此自己會辛苦，徒勞無功。

此形式入財帛宮時，也是好管錢財，又管不好，因此財窮又耗財，一生財不豐，較窮困。工作也有成敗起伏，做不久，會做做停停。

此形式入官祿宮時，是工作上自以為有能力，其實是能力不足的，會拖拖拉拉做不好，也會因循苟且。智商有問題，較笨，不可投資，做生意，會有損失及債務發生。

在運程上時，逢此形式，也要小心想做的事拖拖拉拉做不成，是理想高，但衝勁不足，是有一陣子、沒一陣子的在努力。因此常事情不成功。還是多注意理財的問題，讓生活平順一些才會有好運降臨。

太陰化祿在辰宮的形式

太陰化祿在辰宮的形式仍是陷落的，因此化祿無用，只不過會稍微圓滑一點而已。財產不多，是在窮困中有衣食的生活。亦代表極少的月薪生活環境。

此形式入命宮時，表示本命財少，但有一點裝飾的財祿，故其人會瘦瘦的，看起來還溫和、討人喜歡，性格內向、害羞，具有異性緣。但一生運氣並不好，會喜歡擁有傷心戀史及在事業上無法成功的情人。其人的田宅宮有天相、擎羊，是刑印格局。財庫有破洞，無法存錢有積蓄，家中盡是懦弱無能的人，因此此人很操勞，每日為三餐溫飽，很辛苦。

此形式入財帛宮時，你是個性格保守又懶散及愛享福的人，因此你會做上班族，守著一點足夠衣食的死薪水而生活，錢雖少，但能省吃儉用，猶有餘韌。你會做變化多又大，東奔西跑的工作和職業，最適合做設計或新聞行業，會讓你的玩性及創新結合而成對事業有利的事。

此形式入官祿宮時，你是一個聰明、投機取巧，又愛享福的人，態度保守、是非多，但能守著一份薪水不多的工作來生活。只

要按時能領錢過日子，其實你並不在乎職務升等或加薪之事，也不會想做更有成就的事。

此形式入運程中時，表示運氣仍很窮，但好像看起來快要好一點了，實際上，仍無法富裕。在感情上，是在淡薄的感情中稍微圓滑一點，會有點頭之交的感情了。在桃花上，已有可招徠異性的桃花了。

太陰化科在辰宮的形式

太陰化科在辰宮的形式，會因太陰居陷帶化科，化科不強，故為表面上會理財，但仍財窮。表面上有一點氣質，氣質很薄弱。表面上會有方法做事，料理事務，其實仍不太有能力。故只是虛有其表，其實不太有用。

此形式入命宮時，其人瘦型，表面斯文、溫和，但吵起架來口舌銳利，有巨門化權在福德宮。吵架一定會贏，又有說服力，別人吵不過他。其人好像會理財，但只是一點點的薪水之財，而且財庫不豐富，錢財也存不住，易無子、不婚或有蠻橫之子。

此形式入財帛宮時，表面上很會理財，很有方法理財，只是薪水族的糊口之資，也不易存錢。

此形式入官祿宮時，工作上賺錢少，表面看起來好像很有方法來工作，好像很會做事，其實都是表面化的狀況，因為你的環境保守，是非又多，多半時間，你只是在處理口舌是非之事而已，並沒有真正努力在工作上。

太陰化忌在辰宮的形式

太陰化科在辰宮的形式是乙年生的人會遇到的形式，還會有擎羊同宮，故是『太陰化忌、擎羊』的形式。在此形式中，太陰化忌居陷，化忌更凶。擎羊居廟，故是以『擎羊』為重的刑剋形式，這是窮凶極惡的形式，表示原本已很窮了，有錢財麻煩和糾紛了，但又遇到刑剋耗財，故會十分淒慘，也表示愛爭鬥，但是在一種已十分窮的、已經窮的糾纏不清的狀況之下來爭鬥，自然只有死傷、沒有利益可言了。

此形式入命宮時，其人必有殘疾、眼睛失明，或肝腎不好，或生殖系統不能生育，因為本命會刑剋極重，也會刑剋身邊的人，如男子刑剋母親、妻女，女子刑剋母親、自己和姐妹、女兒等等。其人一生不富裕，也會因災而亡。

此形式入財帛宮時，表示很喜歡爭奪搶著賺錢，但會不從正道賺錢，真正賺錢的能力差，也不會理財，故會窮困，又有債務。因為你的遷移宮中有陀羅居陷，是一種低下粗俗的環境，因此你無法賺高級的錢財。你一生會財窮，生活在不好的環境之中。

此形式入官祿宮時，表示工作上爭鬥凶，很辛苦又沒錢可賺，你也常不工作，有人會養你、給你錢花，所以你是個靠人生活的人。

此形式入運程中時，表示運衰、財窮、有傷災、小心開刀、血光、車禍，以及欠債、耗財、倒閉、失業之事，也要小心因財窮而自殺，或患癌症等衰事。

太陰在巳宮的形式

太陰在巳宮為居陷，代表月亮光無光的形式。此形式亦為受到刑剋而無財的形式。因對宮有天機居平相照，表示有小聰明。

此形式入命宮時，其人會瘦型，本命較窮，性格急躁，有小聰明、讀書、做事會懶洋洋的，有新鮮好玩的事會較起勁。其人的環境中多不好的變化，會愈變愈糟，如果有『陽梁昌祿』格，會有主貴的格局，多讀書，能有燦爛的人生。沒有貴格的人，一生命窮，沒有成就，在婚姻的路上也會崎嶇。

此形式入財帛宮時，表示手中財窮，沒有多的錢可用，也會常無錢可用，理財能力不佳，賺錢能力也不好，是薪水族命格。

此形式入官祿宮時，表示工作上薪水不多，工作也易做做停停，會有人給你錢花，你不一定會一直工作。

『太陰、祿存』在巳宮的形式

『太陰、祿存』在巳宮的形式，分為丙年生人和戊年生人兩種不同的形式。戊年生人，具有『太陰化權、祿存』在巳宮的形式。（容後再談）

『太陰、祿存』在巳宮的形式，因太陰居陷，再加保守、吝嗇的小氣財神，故財也很少，但夠衣食糊口而已。**此形式為『羊陀所夾』入人命宮時**，會為膽小怕事懦弱之人，只會守著自己一點可吃食的死薪水過日子，很少和人往來，常害怕別人侵害，其人和父母、兄弟不和，也會家窮，一生境遇不好。

此形式入財帛宮時，也是有夠吃食溫飽薪水之祿，錢財少，又易耗財，理財能力不佳，工作能力不好，一生易過飄泊的生活。

此形式入官祿宮時，工作上薪水不多，但有溫飽之資。人也不夠聰明，有『陽梁昌祿』格，有學歷的人，會賺錢稍多，但仍一生不富裕。

『太陰、陀羅』在巳宮的形式

太陰、陀羅在巳宮的形式，是財窮又笨、又拖拖拉拉、工作不力的形式。太陰居陷無財，陀羅也居陷，會愚笨、破爛、醜態百出，也會有血光、傷災、病痛之事。**此形式入命宮時**，其人瘦型，性格悶悶的，非常笨，但頑固又很痛恨別人說他笨，會偷懶，工作不力，內心想些陰險之事，內心是非多，做事推諉塞責，不負責任，如果被查到，他就躲起來了，不敢出面。常只想拿薪水而不做事。其人一生也易被是非糾纏，無法脫離窮境。

此形式入財帛宮時，主財窮，錢財拖拖拉拉的進不了財，已很

窮了，又耗財多，不會賺錢，花錢卻很凶，為窮人命格。

此形式入官祿宮時，工作上易斷斷續續，無財可進，工作不長久，又會做一些低俗粗重、錢少的工作，非常辛苦，也會不工作，靠人養活，為無用之人。要小心婚姻也是拖拖拉拉結不成婚，或被人臨時退婚，遭受嫌棄，而受打擊。

入運程中時，是又窮、又笨的運氣，凡事不順，喜歡拖拖拉拉，找工作找不到，即使有工作，也不想好好做，只想偷懶塞責，推諉過失，會有傷災，或病痛產生，也會因笨又捅簍子。

『太陰、火星』或『太陰、鈴星』在巳宮的形式

『太陰、火星』或『太陰、鈴星』在巳宮的形式，會因太陰居陷，火、鈴居廟而由火星、鈴星主導較強勢，太陰陷落只會往負面

發展，因此會急躁、火爆、衝動、不耐靜、窮困，而且會快速的窮，身上存不住一點錢。在人緣機會上也不友善，容易有躁鬱症。

此形式入命宮時，其人瘦型，膚色是黑暗紅色，性格急躁，常坐立不安。頭髮易是像稻草一樣染得黃紅色，很愛時髦打扮，尤喜帶新款手機，身上雖已沒錢了，但仍會隨時換新款手機。其人說話做事都很快，很討厭別人笨，不喜歡再三重複講話，會立即不耐煩或罵人。脾氣暴躁，常讓人覺得他很凶。這種人反而別人要對他有耐心一點，否則也是很難溝通的，『太陰、鈴星』的人比『太陰、火星』的人，要更聰明古怪一點，凡事反應也較快，但耗財更凶，兩者皆為窮命，而一生運氣也不好，這是『刑財』的格局，一生成敗多端，好的時候少，多在捉襟見肘的狀況下渡過。也易有突發的車禍傷災或感染流行病要小心傷害性命，本命為薪水族不能做生意。

此形式入財帛宮時，表示財窮，偶而有一點錢進帳，但很快的又花掉了。總是賺錢趕不上花費。本命也是『機月同梁』格，只適合做薪水族的命格，但常工作斷斷續續，會野心大，喜賺快錢，投機取巧，故工作不長久，也常錢財不順。一生都是好大喜功，愛慕虛榮，想賺大錢而賺不到的人。

此形式入官祿宮時，工作上會斷斷續續，偶而做一下，又常沒工作或不想做，仍然是薪水族的命格，不能做生意和投資，否則必會欠債、失敗。亦可能根本不工作而混日子。工作形態仍是賺錢少，又不懂理財，做事沒條理，也沒有太大能力的人，很容易是靠人吃飯的無用之人。

當此形式入運程中時，此運財運，又會有突發的傷災、車禍及錢財耗損，要小心被騙、上當，或突染急病要花錢醫治，此運不

佳，要小心謹慎度過為佳。

『太陰、天空』、『太陰、地劫』在巳宮的形式

『太陰、天空、地劫』在巳宮的形式，無論太陰有沒有帶化權、化祿、化科，都是窮到沒有了，空空如野了。太陰在巳宮居陷、主窮，天空是自己本身的空，地劫是外來劫財劫走成空。

此形式入命宮時，其人窮得清高，會不食人間煙火，臉龐清瘦，表情茫然，不問俗事。表面看起來好像有某種氣質，需要別人保護照顧，性格溫和，頭腦空空，也不相信外面有壞人，心性幼稚，凡事不會多用思考，是非常單純又純真的人，但是此種人也多半工作能力不強，也沒有責任心，高興時做點事，不高興就不做了，中年以後易靠別人生活。此命格的人，從不會煩惱金錢問題，一生很清高脫俗，適合從事宗教活動或皈依宗教而生存，一生無成就可言。

此形式入財帛宮時，表示其人手上錢財會窮的空空如野，其人不會理財，也無財可理，一生不易碰錢，也易不工作，會有人替他打點好錢財或用品，故其人也不會為錢頭腦，也適合寄生宗教中發展為佳。會工作不長久，或工作一段時間而停頓。

此形式入官祿宮時，表示其人會不工作，也不會賺錢，或工作做做停停，一生無成就，會靠人過日子。其人也易不婚或失去配偶，也易投身宗教，孤獨過日子。

此形式入運程中時，表示窮的空空如野、兩袖清風了，會好事都突然沈寂起來，壞事發生後又漸漸沈寂。此運會孤寂、沒人緣，也不想和人聯絡，自己呆呆的躲在家中孤獨煩惱，頭腦空空，獨自品嚐孤獨、窮困。一直到此運過了，到下一個運氣時才會變好，變活躍。

太陰化權在巳宮的形式

太陰化權在巳宮的形式，是戊年生人所會遇到的形式。此形式中還有祿存，故是『**太陰化權、祿存**』**在巳宮的形式**。此形式中太陰化權居陷，故不強，故表示財少，是保守而少的財，有衣食之祿，帶點小窮，不算太富裕的財。**若入人命宮時**，其人外表保守、內向，又似乎很有主見，喜歡管女性，女性又不給他管，故與女性常有口角是非，為人小氣、吝嗇、守住自己一點點財，也不會做大事，偶而會懦弱。太陰化權陷落時，就是想管又管不了。

此形式入財帛宮時，代表錢財不多，是上班族、薪水族不多的錢財，夠衣食而已，喜歡存錢、理財，但不一定理得好，會對錢財吝嗇、小氣，也不會做大投資，一生小心翼翼的過日子。

此形式入官祿宮時，代表工作上是很保守的薪水族，財不多，薪水不高，但很穩定的工作。工作也無大發展。喜歡管錢、存錢，但也存不多。會在一個規模不大的機構或部門工作。即使到了大機構工作，你也不會管太多事情。因為你工作的格局就不大，故不會管太大的事情。

此形式入運程中時，表示此運會保守的、小心翼翼的渡過，此運不富裕、會有些窮窮的，但會有衣食無缺的生活，故無太大的煩惱。此運也不會進大財，人緣機會也少，也少和人來往，會自顧自的孤獨生活。

日月機巨《中冊》

太陰單星在酉宮的形式

太陰單星在酉宮的形式，是太陰居旺的形式，其對宮有天同居平相照，表示這是個周圍環境平和、享福，自己本身又帶財、財旺，故是個多情、人緣好、處處平和、安祥、舒適、享福、快樂、無煩惱、物質享受好、財源不斷的優等形式，如果再能形成『陽梁昌祿』格的話，一生享福又更加層次高了。

此形式入命宮時，要命、財、官、夫、遷、福無傷剋（羊、陀、火、鈴、劫、空、化忌）就會有福、祿、壽及主貴的命格。此命格的人，通常愛享福、愛談戀愛、喜撒嬌，會有薪水族豐厚的薪資可生活愉快，還愛玩，一生少煩惱，周圍的人都對他好，會呵護他、照顧他。太陰坐命的人有時候脾氣不好，有大小姐脾氣、男子有娘娘腔的小性子。但周圍的人都會容忍他、哄著他，因此他們是

天生好命的任性者。其人的財帛宮是太陽居旺，官祿宮是天梁居旺。其人會愛存錢和喜買房地產，具有財富很多。在工作上會有貴人提攜，也有貴人介紹工作給他，故一生順利好運的時候多。

此形式入財帛宮時，表示會做薪水族、公務員的賺錢方式，手中錢財很豐裕，也很會存錢，適合在銀行、金融機構賺錢，也適合買賣女性用品的商品，一生不為財愁。

此形式入官祿宮時，表示會做薪水族或公員的工作，薪資很豐厚，也會有餘存。適合做銀行、金融機構行員，或公教機關官員，也適合做女性商品買賣，賺女人錢。在工作場所中有很多女性。你的工作也易與女性和錢財有關。你更適合收房租或做一月一次收錢的行業。房地產業務等等，也適合做與戀愛有關的行業，如婚紗業者，或婚禮秘書等行業。

此形式入運程中時，此運會快樂、享福、錢財順利，多金，銀行有存款，也喜享受戀愛生活與佈家庭或製造浪漫氣氛。此運中容易設一個小戀愛來調劑生活。同時你也會對家人、朋友特別貼心，送禮物或照顧他們，尤其會照顧他們的心情，讓人特別感動、視你為知己，有『陽梁昌祿』格的人，此運也會考試順利或升官，凡事都讓你的感情澎湃起來，又能得到完美的渲洩。

『太陰、祿存』在酉宮的形式

『太陰、祿存』在酉宮的形式，是太陰居旺、祿存居廟的形式。居旺的太陰會受到祿存的影響與限制，因有羊陀相夾的關係，故會保守、小氣，錢財也會變保守，所帶的財祿也會變小、變少，只有衣食之祿而已了。所以任何財星遇到祿存，其性質都會變保

守、變小，失去原有本身所擁有的財富規格，此形式在感情方面，也仍然是保守多情的，只會對某些跟自己相合的人才情感豐富一些，故也代表具有自私型態的感情模式。

此形式入命宮時，其人外表瘦型、美麗、臉上有怯懦的表情，性格保守，頑固、人緣較差一點，和外人的互動少，凡事小心翼翼，這都是因為有『羊陀所夾』的關係，和父母不和或無緣，其人做人會自私一點，只顧到自己的衣食用度問題，不太管別人，其人一生所享受之財祿也會少。有此形式的人，是辛年生的人，其財帛宮有太陽化權，其官祿宮有天梁居旺，若再有文昌在『命、財、官』或『夫、遷、福』中出現，就有『陽梁昌祿』格，也會一生具有高學歷和高文化層次的人生，具有名聲和功名富貴了。不具有貴格的人，也會有貴人相助事業，介紹工作給你，讓你在錢財上掌握

住大權或大錢，而一生事業順利，有成就。

此形式入財帛宮時，表示是做薪水族的人，手邊錢財可過豐裕的保守的日常生活。你用錢的方式在某些方面很節儉，但對自己和感情方面的事則很大方。你會用一種保守的心態做薪水族來上班賺錢。你會重名不重利，只要錢財夠衣食之用就好了，而事業名聲最重要！你會全力打拚具有大規模的事業及名聲。同時也表示你本命財並不大，命格是『主貴』格局。

此形式入官祿宮時，表示是保守的薪水族型態的工作，賺錢不多，只賺夠衣食就很快樂了。同時你也不會在工作上花太大的力氣去工作，你會做固定，按時上、下班，不用多擔待責任的工作。因官祿宮相照夫妻宮的關係，亦表示在你的感情模式和智商上就是保守、內斂、放不開。智商聰明也不算太高的程度了。此形式若能形成『陽梁昌祿』格，多讀書，具有高學歷，也能使心智聰明程度增高，而人生層次也會改變而變高。

此形式入運程中時，表示運氣還好，有夠衣食的錢財，但會緊縮、小氣的過日子，因被羊陀所夾，此運中仍有許多不算很愜意的事，你會小心翼翼的過日子。小心仍會有災害發生，會有破財或傷災、不順之事，賺錢也會少，消耗會多。在感情上，你也會內斂、不釋放感情或只守著已談了很久的感情，不想改變。這是一個改變不多的運程，會墨守成規，以防有災。

『太陰、擎羊』在酉宮的形式

『太陰、擎羊』在酉宮的形式，是『刑財』的形式，是庚年生人會遇到的。其形式中尚有化忌，**故其形式為『太陰化忌、擎羊』**。

這是雙重刑財的形式，也會帶來血光、病痛、開刀或死亡，**此形式代表**：原本有古怪的財，但又受到刑剋。這古怪的財可能是你拿得到的，也可能是你拿不到的，還可能是你根本不想去拿的財，故再受到刑剋時，就會很窮了。在感情上，也會失戀或戀人死掉而失去戀人，會有悲傷的事情發生。在健康上，代表肝、腎臟出問題，也代表生殖系統有傷殘、不能生育或開刀。亦有眼睛有痛，以及心臟方面的問題。更要小心車禍傷災，或刀槍傷，有致死的可能。

此形式入命宮時，其人外表瘦型、臉上茫然，頭腦不清，下巴尖，臉瘦長型。性格保守小氣吝嗇、人緣差，少與人來往，因其遷移宮是天同化科居平，故其人環境中都會有方法去自然平順，而且愛享福，會很有方法享福。其人的命格只是自己刑剋自己而已，但也要小心刑剋母親、及妻女。女命會自己刑剋自己，尤其中年以後會不順遂。其人易自尋煩惱，內心不開展，易得憂鬱症、躁鬱症等精神疾病，也易有自殺傾向，感情不順利，會內心糾纏不清、不善終。

此形式入財帛宮時，會錢財不順、財少，薪水不固定，工作不長久，薪水族的工作做不長，以及不會理財，有債務和帳務糾紛，亦會有情感上的糾葛而傷害財運。

此形式入官祿宮時，表示其人工作上，無法做薪水族的工作，易工作不長久，或做臨時性的工作，或根本不工作而享福。亦表示即使工作也錢財少或入不敷出，工作會斷斷續續，或做做停停，此人也易婚姻蹉跎，有問題，易靠人吃飯，也易遭殺傷。

此形式入運程中時，表示運氣不佳，無財還耗損，要小心失業及工作上有遺失錢財的問題，以及銀行存款有問題。會失去積蓄，亦要小心感情、戀愛失敗、失戀，以及車禍血光，身體有傷災、病災、開刀。容易是下半身的傷災、血光，倘若大運、流年、流月、流日、流時，三重逢合此運，有性命之危，亦容遭情殺斃命。

『太陰、火星』或『太陰、鈴星』在酉宮的形式

『太陰、火星』或『太陰、鈴星』在酉宮的形式，是太陰居旺、火、鈴居廟的形式。火、鈴都帶有古怪的聰明，會刑剋太陰的財。太陰是月亮，加上火、鈴，就是發紅火熱的月亮，自然就不清純亮白，就會有問題要發生了。同時這也是水火相剋的形式，故不算好。

此形式入命宮時，其人外表會時髦，中等身材，胖瘦適中，身材還健壯，喜好流行新鮮事物，有古怪聰明，點子多，常換新款手

機，頭髮易染色，染得黃黃的或紅紅的，性子急、速度快、不耐靜、耗財也快，買東西很乾脆，人有些粗俗、馬虎。一生容易多起伏，易換工作，錢財留不住，愛存錢也存不住，財來財去，終其一生，沒有好的成果及成就。也容易公務員或領薪水的日子會中斷、減少，以及感情受傷。

此形式入財帛宮時，其人在錢財上刑財的格式。會花錢很快，但賺錢時會有一票或沒一票的賺。同時也是薪水族的賺錢模式，但偶而才領一次錢。更容易工作不長久，斷斷續續做做停停，無法存錢，積蓄易突然耗空，要小心突然進出的財務問題。

此形式入官祿宮時，其人在工作上是做薪水族的工作，但易不長久，或做公教職不長久，或是突然做一下薪水族，又跑去做生意了。在工作上是不穩定的，也會做做停停、沒有定性。其人的工作

也會影響到婚姻，更可能造成離婚或婚姻不幸福等事。

當此形式入運程中時，其人逢此運，會凡事漫不經心、草率、急躁、衝動、馬虎，薪水工作不好好做，或想換跑道、改行，結果徒勞無功，亦可能耗財多，喜買時髦物品而欠債。因此運中太陰仍在旺位的，還有財可花，可浪費，如果下一個運程不佳，就會虧空補不起來，會造成大的債務問題。此運享福方面，也是只享一點點，人會變得粗俗馬虎，戀愛也容易愛一下，就移情別戀了，不長久。感情不容易繼續。

『太陰、天空』、『太陰、地劫』在酉宮的形式

『太陰、天空』或『太陰、地劫』在酉宮的形式，是太陰居旺而逢劫空的形式。這是刑財、財空、劫財的形式，也是不實際、思

想清高、天真、純真的形式。更表示是情感空泛的形式。對錢財來講，是本身有財，但自己思想清高、不實際、不在乎錢財，以至於錢財成空。或是有來劫財的事情而致錢財成空，都是自己不小心所致的。亦會在工作上不好好把握，以致於失去賺錢的機會。此形式稍為注意一下，不算太嚴重的空劫，只要事事以財為重，以工作為重，便會戰勝空劫，而錢財不落空了。儲蓄與感情的事也是一樣，只要小心處理，仍可保有好的狀況。這是因為天空、地劫五行屬火，在酉宮屬金的宮位，火剋金，相剋為財，仍有財的原因。如在其它宮位則不能做如此解釋了！

此形式入命宮時，表示是薪水族的人生，其人外表美麗、清新、脫俗、有氣質。但臉上有一些迷濛、茫然的表情。其人性格清高、思想會不實際，但態度沉穩、有些慵懶，喜歡享福，愛玩，頭腦有特殊的聰明、數理、哲學方面的學問學得很快，並且會有超強的能力。此命格的人，都有不實際的風花雪月的心態，因命盤上另一個地劫或天空星必落於官祿宮，是『天梁、天空』或『天梁、地劫』，是官空或劫官的形式，故當其人頭腦空空時，則必會事業工作也逢空。

此形式入財帛宮時，表示是薪水族的人生，其人手中的錢財好像是有，又好像無，這因為錢財是有進財，但很可能都是別人的，因為要付出去的錢財多，故會財來財去、付完後又兩手空空了。有此形式的人，其命宮亦會有另一個天空、地劫在命宮中，故你會對錢財不實際、不會理財，又不在乎錢財。更會工作上多起伏，因失業或失去工作，或做不長久，錢財變少或變窮。

此形式入官祿宮時，表示是薪水族、公務員的人生。其人會在

財、官二宮皆有空、劫入內，亦表示工作不長，會有起伏。因此，領薪水會有中斷的情形，這樣就會有錢財不順的事了。當官祿宮有空、劫的時候，也會影響婚姻狀況易晚婚或不婚。官祿宮代表人的智慧之宮位，有空、劫入內，則聰明得不實際，會影響自己一生的成就，也會變得無用而可惜。

此形式入運程中時，表示運氣是薪水族財運的方式，倘若不好好用心來理財，就會莫名其妙的錢財空空如野了。另外也要小心劫財與易失戀之事，此運在戀愛上會有一廂情願的愛情，而又遭騙失財。此運也要小心工作上的問題，以防不實際而無法進財。

太陰化權在酉宮的形式

太陰化權在酉宮的形式，因是居旺的形式，故會較強勢，會對女性有強勢的管束力量，能管理錢財、儲蓄、銀行、金融，以及家庭中各事情。太陰化權是陰柔中帶有強勢的作用，也是母性光輝的溫暖與潤澤，像一畦溫泉佈滿周邊人的心胸一般，但也不是每個人都能接受在酉宮的太陰化權的強勢力量。例如命盤中有太陰化忌或是有『太陰、擎羊』、『太陰、陀羅』的人，就不喜被女性管。

在酉宮的太陰化權，是強勢要管女性、雌性，而且管得著。這種愛管，是一種管束加雜著愛的雙重複雜感情所形成的管制，也會帶有照顧的味道。此形式不但對女性有影響力及說服力，女性會聽話，亦能掌管錢財，抓住財政大權，以及能掌控固定的薪水族工作，或公家機關的工作，更可以在與銀行交涉時佔有優勢。以及在談戀愛時，有強勢的力量打敗情敵。

此形式入命宮時，因其對宮（遷移宮）有天同相照，其人會有溫和柔美的外型，人長得很精神，會特別美麗，因為在夫妻宮有天機化忌居陷，故是內心有不好的、古怪的想法，以致於其人內心不開朗，在選擇對象上易選到有古怪聰明、不實際之人，故會婚姻不幸福。又因為太相信自己的能力而忽略了對他人的包容。所以其人雖然日子過得不錯，但仍會挑剔別人。

此形式入財帛宮時，喜歡管錢、存錢，喜歡跑銀行辦事、喜歡做與金融商品有關的投資。一生很會存錢、理財，也能存到很多錢。但最主要的賺錢方式仍是以薪水為主，其他的投資或儲蓄都是副業。亦可能以收房租為賺錢方式。此為能掌握錢財，不但能花得到，又能有效應用錢財的最好方式。

此形式入官祿宮時，表示在工作上是做公務員或高級薪水族的工作。在事業上能有發展、職位會一步步升高，薪水也會漸上升。

亦表示工作是與金融、銀行、房地產有關之行業，也易與女性用品有關之行業。更可能是在職業上管理大批女性員工的工作內容。你會精明幹練而工作、愉快。

此形式入運程中時，表示此運非常好，有錢財可進、心情愉快，所有的女性都支持你、聽你的話，就連錢財、薪水都會增多，來到你手邊，你會發覺你掌控周遭的狀況十分完美。在戀愛運上，你有些任性，但仍會打敗情敵、獨佔情人。亦會戀愛成功而論及婚嫁，你會成為主導結婚、婚禮的主要的人，此運中你也會有積蓄、錢財富裕可過舒服日子，且會理財，一切生活打理得很好。

太陰化祿在酉宮的形式

太陰化祿在酉宮的形式是丁年生的人會遇到的形式。因對宮有

《中冊》

天同化權居平相照，因此這個形式是慵懶得稍多一些，又有些油滑、愛享福的味道的形式。有薪水之財和儲蓄之財，因此生活得舒適沒煩惱。會愛享受一些愛情和玩樂的事情。

此形式入命宮時，表示其人性格溫柔圓滑，口才好，易甜言蜜語，哄人幫他做事，而自己享福。因夫妻宮仍有『天機化科居陷、擎羊』，以及福德宮有巨門化忌的關係，其人頭腦仍不清楚，內心也多陰險爭鬥，容易是內外不一的人。所以真正能享到的福氣未必如外面看到的那麼多了。

此形式入財帛宮時，表示其人是做薪水族賺錢工作的人，薪水還不錯，但環境中多競爭、刑剋，事業也有起伏，但錢財大致還算順利，是錢財流通很順暢的狀況。

此形式入官祿宮時，表示其人在公務員或薪水族的工作上很能得心應手，也能在職位上步步高昇，慢慢升職、加薪，所賺的錢仍不算很多，亦會有長輩給錢來幫助財運。事業的規模不大。

此形式入運程中時，表示其人在此運中有薪水族的財運可運用，一切平安順利，也人緣好、桃花多、戀愛機會也多，是一個講求感情、交情為重要的運氣。此運中，你會特別體貼、黏密的對朋友或親近的人，讓別人都特別感動於你豐沛的感情與情誼，故而回報你更熱烈的情感。

太陰化科在酉宮的形式

太陰化科在酉宮的形式是癸年生的人會有的形式。其意義就是很有方法做薪水族規格的事情。很會處理感情、愛情，很有氣質，也很會談戀愛，但戀愛形態是淡淡的、不算太熱情的方式的，也很

會理財的。

此形式入命宮時，表示其人外表美麗、沉靜有氣質，有女性美，表面上看來似乎很會做事，但實際上無長輩緣，在工作上也易斷斷續續，中途有起落，其人的福德宮有巨門化權、陀羅，表示其人內在與外在常天人交戰，而使自己精神不寧。

此形式入財帛宮時，表示手中錢財還順利，會理財，很有方法來理財，因其命宮是『天梁、擎羊』，是刑蔭格局，沒有貴人來幫忙，故要靠自己來打理財務，與守著薪水族的薪資才會平順。

此形式入官祿宮時，表示工作是公務員、薪水族的工作，會很有方法做得好，而且多半是與會計、金融有關的工作。因此人的遷移宮是巨門化權、陀羅，故環境中也是非糾纏、爭鬥多，很吵雜，以口才取勝，是故工作形式不會太斯文。

此形式入運程中時，表示此運中會很有方法理財、收取薪資，很有方法整理家裡，佈置家庭，也很有方法整理思緒、感情，因此在人的方面，會顯靈出平順、祥和、溫良、恭儉、讓的外貌。亦會財運順利，做事成功，愛情平和無波瀾，凡事不會出錯及有大麻煩。

太陰化忌在酉宮的形式

太陰化科在酉宮的形式是庚生的人會具有的形式。此形式中尚有擎羊同宮，**故是『太陰化忌、擎羊』同宮在酉宮的形式**。

此形式代表雙重刑剋，以及水性和火金、陰性的雙重刑剋。此形式因對宮有居平的天同化科相照，環境溫和但不利。『太陰化忌、擎羊』在酉宮寺，本身刑剋重，外在環境已無法輔平，要小心傷災、血光、癌症、肝病，以及車禍，會有性命之憂。

此形式入命宮時，此為刑財格局，而且刑得很嚴重了。亦會理財，其人身體上有傷殘，肝腎不佳，命裡也財少，為人慳吝、小氣，亦會有感情不順之事。其人自己頭腦不清楚，常感內心鬱悶，一生也易為錢財所困，生活不舒適，為窮命命格。

此形式入財帛宮時，表示手上可運用的錢財少、耗財多，不會理財，如果官祿宮有太陽化祿的人，尚可因工作而得財，屬於主貴不主富的人生格局。

此形式入官祿宮時，表示工作不長久，或不工作，或做一些不正式上班，只在家中操作生財的事情。有時也會做寓公，靠房地產租金過日子，或靠家中長輩給生活費，自己卻不常工作。

太陰單星在戌宮的形式

太陰在戌宮是單星居旺的形式，對宮有居旺的太陽相照，是『日月共明』的形式。在理論上講，這是月亮和太陽之間具有最優、最好的角度的位置，因此也是月亮得到太陽光反射而最為明亮的時候。也因此，命宮在此宮為太陰坐命的人，會外形特別美麗動人，有陰柔、吸引人的氣質，也容易顯眼明亮，能成為眾所矚目的人。此人特別吸引異性，一生桃花多，容易早談戀愛、早婚，太多桃花的影響會影響其人生的成就。

太陰在戌宮的形式是薪水族的財，以及儲存的財和房地產的財。所以此形式出現在人的『命、財、官』及『夫、遷、福』等宮位時，都會具有上述這些財，但如果再有羊、陀、火、鈴、劫空、化忌同宮，這就會帶有刑剋色彩，就會削弱減輕這種太陰的財了。

但如果能形成完美的折的『陽梁昌祿』格時，又會具有貴格，是這種薪水財或太陰財最高層次的福祿了。

此形式入命宮時，要無羊、陀、火、鈴、劫空、化忌同宮來傷剋，再加上逆行大運，就會少年得意，青雲直上，既享戀愛之福，又享人生順利之福了。如果順行大運，青少年是不順利的，這樣也會教育程度差。中年的家室不好，不寧靜，自幼必有家庭問題，不是父母離婚，就是父母品行不好，家中常打架、吵架，不安寧，因此此命格的人喜往外跑，想脫離此種環境，因此易早婚，或逃家。但其人之夫妻宮為空宮，有同梁相照，故此人太天真，又往往跳入另一個麻煩的坑洞之內。其人一生只能靠自己，做一個上班族、薪水族，自食其力，會生活富足。

此形式入財帛宮時，是個薪水族、公務員的工作所賺之薪資中

錢財還不少。也會喜愛存錢儲蓄，會理財。並喜歡把錢財放在銀行中生利息，或買房地產來賺租金，做寓公，來過日子。更適合做買賣女性商品的經紀人，會有一點輜銖必較，會碎碎唸，但有時又會好心，會花一些體貼人的錢財。此形式的財帛宮，是會小心翼翼花錢的。

此形式入官祿宮時，表示最適合做薪水族和公務員，薪水不少，也能自薪水中存到錢，適合做銀行、金融機構的行員，或公教人員、教書或公家機關中之官員，亦適合做女性商品的推銷與買賣，或房地產經銷買賣，亦可能以收房租為工作職業，亦適合做戀愛、結婚有關的婚紗店、婚姻介紹所等行業或照顧人、體貼人的中途之家等慈善工作。

此形式入運程中時，此運會錢財順利，有餘存，亦容易買房子，或佈置家庭，裝潢家庭。此運無論男女皆有愛情運，易談戀愛、過快樂生活，也會對家人、朋友特別體貼，你心情開朗、豪爽，也會心情一時又陰柔、多情、臉上洋溢戀愛時幸福的光輝。若能形成『陽梁昌祿』格的人，此運亦能主貴高升，或考試順利，平步青雲，財官雙美。

『太陰、擎羊』在戌宮的形式

『太陰、擎羊』在戌宮的形式，是辛年出生的人會遇到的，這是刑財的形式，同時也會刑剋感情，易感情不順，又錢財少。在此形式中太陰居旺，擎羊也居廟，兩顆星都強勢的地位，再加上對宮有太陽化權居旺相照，此形式實際的意義就是太過陽剛了，月亮有些不像月亮的陰柔美麗了，所以這是古怪的月亮、古怪的太陰。這

亦表示，強力要做事業，但會做薪水少、財少的工作。

此形式入命宮時，其人性格強，外表也強壯，但內心陰險，本命即有刑剋，是刑剋自身的財，或自身的福祿，會內心煩惱多，其人的外在環境（遷移宮）是太陽化權，表示男性對其人一生有很大的影響力，他會聽男人的話，也會對男性或事業有影響力，如果全心全力在事業上發展，也能勞心勞力有所作為。但此人多半在感情上受創傷，又個性強，會一時想不開而自殺身亡。早年藝人于楓便是此命格的人。

太陰、擎羊入命宮，便是易自殺的形式。也會肝腎不好、眼目不佳，有病，這也傷及身體上的健康資源了。

此形式入財帛宮時，是刑財格局的財運，但福德宮有太陽化權居旺來相照，表示財的來源很好，會強力在工作上來得財，雖然手上的財是受刑剋而減少，但只要有工作便會有財進了。這另一方面也代表薪水族的工作或賺錢方式，你會做不長久，常中途中斷，所以會財不順或薪水少賺。這亦表示你可能想自己做生意，而中間有起伏或失敗的經歷，故手中的錢財始終不多，也容易受刑剋而存不住錢，減少財。你更會做競爭激烈的工作，而賺錢少，或頭腦想法吝嗇而不花多餘的錢財。

此形式入官祿宮時，是刑財格局的事業運。同時也表示工作或薪水職務上競爭多，或頭腦有特殊聰明，但內心感情不爽而辭職，失去工作或轉換跑道，但會常常工作不順，但你天生又愛工作，所以你會常轉行，但每行都辛苦，有時你也會賦閒家中不工作。你的配偶會事業運強，而且你也喜歡有大男人主義的人，故你若遇強勢的配偶時，你會不工作而以照顧配偶為職志了。

此形式入運程中時，此運賺錢很辛苦，是刑財形式，也要小心耗財，存不住錢，以及感情不順利，此運要小心失戀或婚姻有狀況。亦要小心自己會小氣、吝嗇，對人感情冷淡、刻薄，以致嚇走情人。

『太陰、陀羅』在戌宮的形式

太陰、陀羅在戌宮的形式，是壬年出生的人會遇到的，這也是刑財的形式，表示財會原地打轉，進不了財，或拖拖拉拉進不了財，或因為笨而耗財多，無法有積蓄或存不錢。也易在感情上受傷，會遭人嫌棄而受傷。此等感情是一種頑固自以為是的、自己以為是體貼別人，但別人都覺得麻煩、不舒服的感情，這表示是自己笨而不能真確的體會別人心意，而付出的笨感情，自然會遭到別人的訕笑與拒絕。『太陰、陀羅』在戌宮的形式也代表工作上的不順利與懶惰、損耗。

此形式入命宮時，此命格的人，會頑固、愚笨，做事慢吞吞、內心有陰險的計謀，等待別人不耐煩時，就會叫他別做了！因其人的福德宮有巨門、擎羊，故其人內心多思慮、多煩憂，全是想一些投機取巧、少做、少勞動或利己之事。而且做事喜歡畫蛇添足，也自找麻煩。一生容易感情不順利，遭人嫌，也容和朋友有金錢是非。逆行大運的人，如陰男陽女，一生的運程較好，福祿會多一點。

此形式入財帛宮時，表示薪水族的賺錢方式做不久，會中間中斷，或有拖拖拉拉的情形。也表示錢財上多耗財支出，且是一些因笨而產生失誤的耗財，或是一些要補漏洞的耗財。此等財帛宮，就是錢財較少，較不順利的財運方式，這主要是其人內心多計較、多是非、該做的不做、該賺的不賺，想賺得又無財可賺所形成的。此形式的財帛宮仍要以薪水族的賺錢方式為主，儘量少換工作，才會財順。

此形式入官祿宮時，表示工作上會中斷或斷斷續續，磨來磨去，進財很慢，也表示其人天生很笨，薪水族的上班工作做不好，理財能力不佳，自然更不能投資或自己做生意了，否則必會損耗錢財。你仍是做薪水族的料，你會因為環境險惡，多是非競爭而工作不算順利。但你有父母會養你，幫你打理一切，故笨一點也無妨。

此形式入運程中時，表示財運會減弱，會拖拖拉拉進財慢，也會耗財多，亦表示薪水有突然減少，或工作突然失去的問題。更要小心愛情受阻，或感情受創傷，有人會嫌棄你，或是你自己因為內

《中冊》

心不痛快而放棄，有失戀的癥兆。

『太陰、火星』或『太陰、鈴星』在戌宮的形式

『太陰、火星』或『太陰、鈴星』在戌宮的形式，基本上也是刑財的形式。太陰居旺，火、鈴居廟，代表月亮，會因為速度變快而顯得古怪，也會因為月亮變紅，或發紅光而產生古怪現象。當然，月亮的變化會影響地球的潮汐變化很大，因此最好別變得古怪才行，否則地球生靈會遭到刑剋損害。

此形式入命宮時，其人會性子急躁，也易把頭髮染成黃色或紅色，喜歡時髦和新的、流行事物，因此而耗財很多。其人因本命還有一點財，是『機月同梁』格的財，故有工作就會有財，但因其人不耐靜、動作又快，停不下來，故會很衝動、換工作的速度也很

快，故會工作不長久，而事業有起伏，也會有財運不順的時候了。而且容易一生一事無成，東做做、西做做，而無積蓄。

此形式入財帛宮時，此種財運是偶而有一些的薪水之財，也是工作不長久，容易斷斷續續，又容易做臨時計點的工作，進財也是偶而有一點，又一下子沒財進了，會有一票、沒一票的進財，因此是不算好的財運。

此形式入官祿宮時，仍是工作做一段時間，停一段時間，工作會是薪水工作，無法做生意或自己投資，要小心有時會失業。同時你也不適合做理財或精細的工作，會做跑來跑去的工作，或臨時計時拿薪的工作。你必須按奈心情的起伏，而專心工作，才能錢財順利。

當此形式入運程中時，表示會心急而耗財，也要小心有意外之事發生而影響工作，而薪水有問題。更要小心感情問題，愛情會突然來又突然走，或有衝動的感情，而讓自己後悔。

『太陰、天空』、『太陰、地劫』在戌宮的形式

『太陰、天空』在戌宮的形式，是『財空』的形式。**『太陰、地劫』在戌宮的形式**，是『劫財』的形式。

當『太陰、天空』在戌宮時，子宮就有『巨門、地劫』，故是在戌宮有『劫空』狀況時，在子宮就有『暗劫』的問題。

當『太陰、地劫』在戌宮時，子宮就有『巨門、天空』，故是在戌宮有『劫財』時，子宮就有『暗空』狀況。

另外『太陰、天空』及『太陰、地劫』在戌宮的形式，也是感情空，或薪水空、薪水少的狀況，亦容易存不了錢，或房地產少或

成空。

此形式入命宮時，仍是以薪水族或公務員為工作的人生，其人會臉上有空茫表情，思想不實際，尤其對錢財不實際，很想存錢，但又存不了錢，亦會在工作上重理想，有些事不願意做，而失去工作機會，容易好高騖遠。因其人的福德宮中有『暗空』或『劫暗』的格局，故煩惱多時，會想做一點事，煩惱少時，便不想工作，一生會因頭腦空空，而享福少，或財祿少。等沒錢時，再去工作，就會份外辛苦了。

此形式入財帛宮時，表示對錢財不實際，對薪水的概念也不實際，故易工作不長久，而財少，或是理財能力差而存不了錢。但基本上，你仍愛算帳或做與金融有關的工作。你宜做公務員的工作，最好不要算帳，以免有帳務不清的麻煩，而且你常會失財，或耗財凶。

此形式入官祿宮時，表示工作上會做財空或劫財的工作。亦表現你的智慧很清純、不實際，要小心勿做與會計算帳有關的工作，小心賠錢，或投資失利。工作也容易斷斷續續、不長久。另外，你也要注意，當你外面環境中是非少的時候，你也沒法子進財。此形式，也要小心婚姻或感情會空茫，或失去。

此形式入運程中時，此運代表是財空或劫財的運氣，你一定要振作精神，全力放在工作上，會薪水順利。同時也要摒除不實際的思想與觀念，要把精神及注意力放在賺錢或工作上才能聚財，賺到錢，此運也要小心感情變淡而戀愛失利。

日月機巨

《中冊》

太陰化權在戌宮的形式

太陰化權在戌宮的形式，是戊年生人會遇到的。因太陰化權是居旺的形式，故會掌握錢財，會管理錢財，能存大錢，尤其會掌財權，對錢財有支配的能力，別人都無法與之爭奪權力。其次，此形式對女性有影響力，能管理女性，或女性願意被其管理。此形式更代表對銀行或金融機構有交涉能力，並能在這些地方工作會賺到錢。太陰化權在戌宮亦能在感情上佔有主導的地位與力量，故能愛情成功。此形式更代表在薪水工作，或公教人員的工作上有極大發展或掌握權力，能做高職位或官員。

此形式入命宮時，表示其人意志力很強，做事有魄力，喜歡掌權，會對女性有影響力，也會對錢財善於掌財。但其人財帛宮有『天機化忌、擎羊』，故其人是天性喜歡掌財權，愛管女性，但實際理財能力不佳，常會糊塗，或自做聰明而耗財的事，其人的遷移宮是『太陽居旺、陀羅居廟』，其人的外在環境就是事業，工作有停停走走、斷斷續續的狀況。因此，其人愛管錢也管不太到。其人外在環境就是笨的男性多的環境，所以，其人愛管女性，也是管不太到。所以一生也是多起伏，不算順利的狀態。

此形式入財帛宮時，表示其人喜歡掌財權，愛管錢、存錢，但未必能存到錢，因官祿宮有『天機化忌、擎羊』，福德宮又有『太陽居旺、陀羅』，故常會不工作，或工作多競爭起伏，其人容易靠女人給錢過生活，或是靠放高利貸來賺利息錢過日子。

此形式入官祿宮時，表示其人在工作上，適合做掌管財權的工作，或做會計、算帳等業務，更適合在銀行、金融機構或做公教人員，會有前途。但其人的命宮有『天機化忌、擎羊』，會頭腦不清楚，又天性好爭，會內心笨。但在工作上能管理女性與掌財權與大權，除非其人自己不想做了，否則都能在工作崗位上有好的表現。

此形式入運程中時，此運代表能掌握財權，能確實擁有較多的錢財，能儲蓄留存起來。同時也代表工作會順利，生活上也能掌控得很好，在此運中，能對女性有影響力，你能說服長輩型女性，也能管束晚輩型女性。此運，你在感情上也居於主導及主動的地位，你能主動表現關愛，因此愛情會順利。你也會強力發射出母性的慈愛光輝，讓周圍較柔弱的族類都受到體貼與照顧。此運最適合與銀行交涉，會成功。也適合做公務員能升官。

太陰化祿在戌宮的形式

太陰化祿在戌宮的形式是丁年生的人會遇到的形式。因太陰化祿是居旺的形式，故會在薪水上較豐裕、財略多。太陰化祿仍是薪水族的財，再多也是薪水的等級，仍不能自己做生意或投資。太陰化祿主要的意義是在桃花問題上的，表示有女人緣或桃花多，異性緣重，也代表機會多，但桃花重有時會影響人生成就，故要小心。太陰化祿也在存錢、積蓄上面，也容易存錢增多或容易積蓄增多，因為錢會來得容易。

此形式入命宮時，表示此人圓滑、討喜、桃花重、人緣好，男人女人都愛他。其人的財帛宮有『天機化科、祿存』，官祿宮為『天同化權居平、天梁居廟』，『權、科、祿』全在『命、財、官』三合宮位之內，屬於貴格的命格，在工作上有貴人提攜，是安享的局面。但其人福德宮有巨門化忌，會相照財帛宮，故其人在錢財的獲得與運用方面，仍是不會太豐厚的，也會只是保守的、夠衣食之需

▽日月機巨《中冊》

的財運而已。此人會在桃花感情上，男女愛戀上多所享受，自然事業上之發展也不會太大了。

此形式入財帛宮時，表示此人在手邊的錢財是薪水族的財，但運用流通得很順利。存一點錢，也能衣食無缺。也能得女人財和桃花財，所以很快樂。其人會做保守的、有一點小財的工作。你會使工作很有變化，在一定規格中有創意來得財。

此形式入官祿宮時，表示此人在工作上能做薪水族的工作，很快樂能得財不少。也表示能賺女人錢，或桃花的錢財而生活。你的命宮是『天機化科、祿存』，你的遷移宮有巨門化忌，故你是思想古怪、小氣的人，除非女人會給你錢賺，你才會對她好，如果有錢賺，即使是賺桃花的錢財，你也在所不惜，不懼怕是非，會努力去賺。

此形式入運程中時，表示是桃花多，會有異性出現，有利於結婚的好時機，此運也會薪水增多一些，更會與女性朋友較親密，關係良好，會為你帶來更多的財利，亦可能帶來更多的工作機會。若有錢財在銀行之中的人，逢此運也容易利息加碼、升息，而使你多賺利息。

太陰化科在戌宮的形式

太陰化科在戌宮的形式是癸年生的人會遇到的形式。因太陰化科居旺，故會很有方法使薪水增多，或很有方法做薪水族的工作。亦代表很會理財和很會處理感情問題，或很會體貼人，很愛談戀愛。

此形式入命宮時，其人很有陰柔、美麗的氣質，因福德宮有巨

門化權，故天生口才好，能說服人。但父母宮有『廉貞、貪狼化忌、陀羅』和父母無緣，易小時和父母分離或送人，或寄養或是私生子女。逆行運的人（陰男陽女）一生運氣會好一點。因其田宅宮有『天相、擎羊』，是『刑印』的格局，故一生家不富裕，也存不住錢，而且家中易有被欺侮之事，故一生命運不算好。

此形式入財帛宮時，表示其人很有方法理財，理的是薪水族的財，也只是現金方面而已。因其人的田宅宮是空宮有『廉貞、貪狼化忌、陀羅』相照，故其財庫仍無財，無錢可存，也存不住錢，只是手邊現金還能運用而已。

此形式入官祿宮時，表示其人在工作上很有方法做得好，也很會賺薪水族的錢，很會做一個薪水族。其人的遷移宮有巨門化權，其人口才好，有說服力，但要小心僕役宮有『廉貪陀』帶化忌的

『風流彩杖』格帶化忌的格局，會因朋友的關係而帶來淫色關係，在豬年時會名譽掃地而影響工作事業。

此形式入運程中時，表示此運中會理財，也會很有方法賺薪水之財，會在工作上得心應手。也很會處理感情問題，很會談戀愛，亦對人很貼心，對朋友很講情份，因此是一個錢財順利，又在心靈上得到滿足的運程，生活愜意。

太陰化忌在戌宮的形式

太陰化忌在戌宮的形式，是太陰化忌居旺的形式，也是乙年或庚年生的人會遇到的形式。

太陰化忌就是刑財格式，也是刑感情的格式，故會錢財不順，及感情觸礁，或古怪，與女人不和，相刑剋。更會在薪水工作上做

不久，會做做停停，自然薪水也不會多了。

此形式入命宮時，因是在戌宮，還是居旺的太陰化忌，本命仍有財，但其人頭腦不清，臉上會有茫然、模糊的表情，凡事也會迷迷糊糊的，自然理財能力不會很好。**乙年生的人**，財帛宮有居廟的天機化祿，官祿宮有『天同居平、天梁化權居廟』，表示有貴人會介紹工作，讓其人能有平順的薪水之財可享，故一生的生活還過得去。其人遷移宮是『太陽、擎羊』，是『刑官』格局，故其一生會工作斷斷續續，會中斷或改行。**庚年生人**，因其遷移宮所代表的外在環境是『太陽化祿居旺』，故環境較好，一生工作機會較順暢，且能多帶財。夫妻宮是祿存、官祿宮是『天同化科、天梁居廟』，故其人心態保守，會有貴人介紹工作，守著工作就一生平順了。

此形式入財帛宮時，表示錢財不順，有錢財是非，也要小心工作會出問題失業或中途離職，而薪水無著。有此財帛宮，其人缺乏理財能力，也不能做生意或投資，要小心欠債，更要小心和女性有金錢糾紛。你一生都與女性不合，女性也不會為你帶財來。你也與銀行不合，要小與銀行之間的是非問題。

此形式入官祿宮時，表示薪水族的工作做不長，會不工作，或在家工作。你也易薪水領不到，或工作上和女性不合而離職。你更易理財能力不佳，或工作上愈做錢愈少，或做生意虧錢。要小心勿做銀行或金融機構員工，要小心會賠錢或引起災變。

此形式入運程中時，此運不佳，要小心感情會發生問題，易失戀，或多是非，也要小心財窮，有金錢糾紛、困擾，欠債等問題，更要小心和女性之間的口舌是非或與女性家人的感情不睦，宜多研究與女性的相處之道，否則一直會處於錢財存不住的狀況，以及賺錢少的狀況。

太陰單星在亥宮的形式

太陰單星在亥宮的形式，是太陰居廟單星獨坐的形式，也是『紫微在午』命盤格式中之亥宮的形式。

太陰在亥宮是『月朗天門』，份外明亮，高掛於天空的形式。這也是月亮最圓滿、美麗、明亮的形式。故以子、丑時、夜裡生人，命格為貴，日生人則減分。因遷移宮有天機居平相照，代表月亮在高空往下看，周圍盡是一些細小之處。

此形式入命宮時，其人會臉蛋美麗、俊俏，有月亮陰柔之美。因本命帶財多，會一生快樂、享福。因其人的遷移宮是天機居平，故周圍的人皆是一些小聰明之輩的族類。其人會清高自持，不同於一般人。其人的財帛宮為空宮，有同巨相照，官祿宮為陽梁，在事業上會有貴人相提攜。若有『陽梁昌祿』格的人，其人會有高學歷，會有財官雙美，進爵封侯，一生快樂的人生。有貴格，人生層次更高。沒有貴格的人，也會有中等生活之財。

此形式入財帛宮時，仍然賺的是薪水族的財，但也容易買房地產，賺租金，或在銀行工作，或是錢財放在銀行中生利息，賺利息錢。此形式是薪水族中最豐裕的財運，會生生不息，以及有工作就有財，未來還會有退休金所生之財。此財與國家和公務員體系是有關係的。

此形式入官祿宮時，代表工作就是公務員或薪水族的工作，也可能是教書工作。亦可能是銀行或金融機構的工作。若是具有『明珠出海』格的人，會做國家高級公務員。有此形式的官祿宮，屬貴格，是財官雙美的格局，一生受國家、政府，或大機構照顧不少。故只要持續工作，錢財都不少，亦會有退休金可享福。

此形式入運程中時，此運可享福快樂，財運亨通，有積蓄，此運不為財愁，且能享受戀愛之樂趣，以及能慈愛待人之樂趣。此運還能多收利息，亦有額外的，和朋友、異性緣有關的桃花緣份及友情。

『太陰、祿存』在亥宮的形式

『**太陰、祿存』在亥宮的形式**，是壬年生人所會遇到的。此種太陰居廟的財因受祿存同宮的影響、限制，會變小了，只有衣食之祿而已。本來『太陰在亥宮』的財包括了房地產的財，但此時只有

一棟簡單、可憐、保守、普通的小房子而已了，會有些寒酸的形式。

在此形式中，因被羊陀所夾的關係，會六親不合，田宅宮（財庫）又有『武曲化忌、天相』，是故仍會錢財不順，很小氣想存錢，但存不了錢，也會一生只有衣食溫飽的財，沒有大財。

此形式入命宮時，此人外形是瘦型、性格保守、小氣、愛存錢，但存不住錢，總不夠花用，一生都怕被人欺負，會防人很緊，是連父母、兄弟都防的人，對人沒有信任感。其人會做薪水族，有固定薪水過生活。因官祿宮有『太陽、天梁化祿』，如再有文昌在四方三合宮位上，很容易形成『陽梁昌祿』格之貴格，有貴格的人，會有高學歷之提攜而慢慢升職。做公務員或薪水族都會一生享福快樂。

此形式入財帛宮時，代表手中所能運用的錢財不多，是小氣、吝嗇形式的，所賺的錢是薪水族的財，也不多，夠衣食而已，你一生會做保守的、薪水族的工作來賺錢，你也不會隨便換工作，會工作穩定，凡事按步就班，很節儉、不浪費的過日子。

此形式入官祿宮時，表示你會做保守的薪水族工作，會小心翼翼做發展性不大的工作，也會做薪水不多卻很穩定的工作，你會看守著工作崗位直到退到退休為止。此種官祿宮，因前羊後陀的關係，僕役宮和田宅宮也都不佳，故人際關係差，財庫也有漏洞，一生不會太富裕，都會較窮，故守著工作崗位，不輕易轉換工作，就是其人最能為自己著想的事了。

此形式入運程中時，此運有一點財，是少少的薪水之財，財不多，而且會小氣、吝嗇、保守，人緣不太好。為人有一些陰柔內向，怕羞，會小心翼翼的過日子。生活很節儉，喜歡儲蓄，雖然賺不多仍會存錢，你也會減少應酬以便存錢。你會很害怕來借錢劫財，對人有防衛心很強。

『太陰化科、陀羅』在亥宮的形式

『太陰化科、陀羅』在亥宮的形式，是太陰化科居廟、陀羅居陷的形式，太陰的財會被陀羅磨損、耗掉很多，故也是刑財的形式。此形式是癸年生人會遇到的。此形式中的太陰還帶有化科。此形式之意義是：本身有財又很有方法理財，但會是用一種笨的方法來理財，結果仍然耗財多，但不會完全耗光，還會剩一點點。

此形式入命宮時，此人外形是瘦的，性格悶、內心煩惱及是非多，對別人不信任，凡事在內心和人唱反調，但外表上唯唯諾諾不

表現出來，此人腦子笨，又常想故做聰明狀，故常畫虎不成反類犬。此人容易聽信外人或不認識之人的話，對家人或熟悉的人不相信，故常被騙，此人和父母不和，和兄弟姐妹感情好。其財帛宮是空宮，福德宮有『天同、巨門化權居陷、擎羊』相照，錢財常不順，但官祿宮為陽梁，會有人介紹工作給他，只要好好工作也能生活安定足夠。

此形式入財帛宮時，表示手上可流通的錢財是有一點，但理財能力不佳常耗財、損失很大，也會有欠債的可能。亦可能你應做的薪水會減少，或工作不穩定，收入減少。有此形式在財帛宮時也要小心被騙財，或買東西買到瑕疵品而耗財。

此形式入官祿宮時，表示做薪水族的工作，但職位不高。因為其人的命宮是空宮，遷移宮是『天同居陷、巨門化權居陷、擎羊』，其人容易身體不佳有傷殘現象，一生所處的環境也不好，故有薪水工作也容易做做停停，斷斷續續，賺錢不多，地位也不高了。

此形式入運程中時，此運表示仍有一點錢，但耗財多，所剩無幾。此運也會在感情上受挫折，婚姻受阻，或受人嫌棄，或有失戀的問題。此運會心情悶、愛鑽牛角尖，為感情之事，自己如同陀螺一般原地打轉，轉不出來，更易財窮或受騙遭災而遭劫財。

『太陰、火星』或『太陰、鈴星』在亥宮的形式

『**太陰、火星』或『太陰、鈴星』在亥宮的形式**，是『刑財』形式。此為太陰居廟仍有很多財，但火星或鈴星在亥宮居陷，煞星居陷則凶惡得多，此形式會奇怪聰明的想法而刑財，也會因為突然衝動，思想不夠周慮而刑財。火星、鈴星代表突發的，突發出現一

點的衝動。因此這種刑財格式會沒有預警的方式而失財。在賺錢方面也會偶而出現一點機會。在感情上，也會因為衝動而不產生好事情。或因偶然一點小事衝動而感情破裂。在工作上亦會因衝動而失去工作而刑財。

此形式入命宮時，此人會有小聰明，做事急躁、衝動，凡事不耐久，也易換工作，仍是薪水族的層次，但性格急、速度快、變化也大，喜時髦，流行的事物，會為流行、時髦的東西而花錢很多。但賺錢卻沒有那麼快，工作會做不長久，易改行或換工作。人生易無成就，能享用的錢財也少。

此形式入財帛宮時，表示是薪水族每月發放的財，但常偶而出現一點財，也會突然衝動花很多錢，易入不敷出，耗財快、賺錢卻很慢。

此形式入官祿宮時，表示是薪水族的工作，但常有一點沒一點的工作，工作不長久，容易改行和換工作。工作上也容易因外來影響收入不豐。也要小心突發事件而失去工作。在感情上，你也會偶而一時衝動，但絕大多數時間會冷冰冰的。

當此形式入運程中時，表示此運似乎有財進，但會等很久，偶而有一點進帳，不過呢！原本會有積蓄可支撐，要小心有突發事件而耗財，也要小心因一時衝動而損失錢財。在感情上大部份時間會冷淡對待愛人或家人，偶而有一點熱情也無法持續久一點。

『太陰、天空』、『太陰、地劫』在亥宮的形式

『太陰、天空、地劫』在亥宮的形式，是太陰居廟，加天空、地劫一起同宮的形式。此形式中太陰有很多財，但逢天空、地劫，

全部成空，所以這是表面看起來有財，實際卻沒有財的形式。此形式也是外表看起來有情，但實際卻空茫，一點感情也不存。太陰也代表房地產和存款，有此形式時，也會沒有房地產，也沒有存款。

此形式入命宮時，其人會頭腦空空，外形美麗，有陰柔氣息，悶悶的，話不多，臉上有茫然的表情，亦有些精神恍惚的狀況。其人思想清高，凡事皆無所謂，做事不積極，也不想競爭。因為命宮中的太陰是屬水的星，而天空、地劫是五行屬火的星，進入亥宮（水宮），因此是天空、地劫的陷落病死之位，故天空、地劫會往壞處發展，其聰明度就不如在巳宮好了！此形式入命宮，容易相信邪門歪道的事情，故要小心易受騙，或一生一事無成。

此形式入財帛宮時，表示手上沒有錢可運用。這很可能是家中有人會幫你付帳，你不需要自己花錢付帳。亦可能是你在過團體生活，日用所需已有人先幫你辦好了、處理了，所以你不必自己來花錢付帳。某些靠人吃飯的女子或男子，以做小老婆或女友維生，就會有此財帛宮，其人手邊無現款，但會血拼花大錢，有人會幫他付帳。因此有此財帛宮時，也代表不工作或工作不長久。

此形式入官祿宮時，代表無工作，或即使工作，也不會賺錢，會做和錢財無關的工作。此形式也代表其人頭腦空空，智商高，但不實際，會做與現實狀況不符的工作。亦代表工作不長久，或根不想工作。

此形式入運程中時，表示此運什麼也做不成，而且要小心會失去工作或失戀，更要小心失去家中重要的女性。在此運中，你很想體貼，但做不到，你所表現出的樣子就是用腦不多，也看不見財在那裡，所以也不會付出任何感情。至少別人是感覺不到有任何溫暖的情意的。

太陰化權在亥宮的形式

太陰化權在亥宮的形式是戊年生的人會遇到的。其對宮有『天機化忌居平、祿存』，是『權忌相逢』互沖，是故此種太陰化權的形式是因為外界環境古怪的起伏變化，而有些辛苦，也不算很順利。此形式的意義代表會在公務員、公教人員或薪水族的工作能發展，有蒸蒸日上的跡象，前程似錦。此形式也代表對女性有說服力，能管理女性。更代表對銀行或理財，或是金融機構，或是存錢儲蓄都能掌握，會做的很好。

此形式入命宮時，代表此人外柔內剛，性格強勢，很愛說話，對女性特別有辦法說服，女性都怕他。其人很會理財，而且喜歡管

錢、管帳，凡事錢財問題不會假手他人，自信心很強，也會對房地產感興趣。因遷移宮有『居平的天機化忌、祿存』，故環境不好，其人也會頑固又糊塗、又保守，會用自己的方式來處理錢財。仍是一個做薪水族的人，會在事業上注重名聲，且有貴人扶持，能做稍有成就的公務員。

此形式入財帛宮時，表示能賺薪水族的財，且能在公家機關或民營公司管錢或管理財務，亦可靠管理房地產出租或買賣來生財，表示能掌握較多的財。你花錢的方式也是先要存下一點錢才能花。因此有此財帛宮時，財運是不錯的。可是福德宮是『居平天機化忌、祿存』，表示財的來源或源頭不太好，只有一點點源頭，故整個講起來，你的財仍不多，但會有效的管理運用。

此形式入官祿宮時，表示會做公教人員的薪水族。你會在事業上掌握關鍵機會，會做得有聲有色，步步高升，能掌握到管理人員的權力，因此你一定會做管理階級的層次，成為有地位、有官位的人。

此形式入運程中時，表示會會升官，會做管理階級，會存到錢，也易買房地產。同時表示也能賺到錢，能管到錢。在感情上能戀愛成功。你更會在工作場所及家中都會管理女性或對女性有影響力、說服力，要小心女性會怕你，或陽奉陰違。

太陰化祿在亥宮的形式

太陰化祿在亥宮的形式是丁年生的人會遇到的形式。此形式的對宮有居平的天機化科、陀羅相照，表示環境中是很有一些方法來變化，但這是用一種笨方法來變化的。同時也表示環境中有一些外

表還算斯文，又有小聰明的笨人。所以這個太陰化祿表面上看起來不錯，似乎有財，其實也會受到一些笨的影響而耗財的。此形式在錢財方面，主要是薪水之財會源源不斷或流通很快的意思，是略有餘潤的狀況。太陰化祿主要是人緣關係和桃花問題上發展較大。所以利於結婚或發展緣份。太陰化祿也利於做房地產買賣，會成交數量多。

此形式入命宮時，表示其人長相柔美，口才甜如蜜，且能賺較多一點點的薪水。因外在環境不好，多有小聰明的笨人，所以你會在人群中很顯眼。其人的桃花多、異性緣強，和女性處得好，同性也會喜歡他，所以你會在人群中很顯眼。因此機會多，賺錢較容易。但其財帛宮為空宮，又有『天同化權、巨門化忌、擎羊』相照，財帛宮有殘障傾向，實際理財能力並不佳，因財的源頭（福德

日月機巨
《中冊》

宮）不佳，故能享用的錢財並不多，仍是要靠薪資過生活。是故太陰化祿在命宮時，只是利於桃花發展而已，實際財利仍不多。

此形式入財帛宮時，表示薪水族的財運不錯，還很充裕。但這也可能是靠家族中之房地產租金的收入在每月收租，而你並不一定去天天上班。

此形式入官祿宮時，表示會做有薪水，且薪水豐裕的工作，也可能做與女性接觸、聊天、推銷的工作，更可能做房地產買賣的工作。更會得長輩支持給錢來生活舒適。

此形式入運程中時，表示此運戀愛機會多，也表示交際應酬多，更表示此運賺錢稍多，此運也適合買房子裝潢、佈置，你會和家中女人相處圓滑。

太陰化科在亥宮的形式

太陰化科在亥宮的形式是癸年生的人會遇到的形式。此形式中還有陀羅同宮，故是『太陰化科居廟、陀羅居陷』同宮的形式。此形式在前面已經說過了，不再重複！

太陰化忌在亥宮的形式

太陰化科在亥宮的形式，是乙年生人及庚生人會遇到的，此形式之太陰化忌因在亥宮為『化忌不忌』。因亥宮是壬水長生之宮位，化忌為五行屬水的星，太陰星也五行屬水，故化忌只是一種略為古怪的變化而已，化忌就不如其他的星那麼凶了。

在此『化忌不忌』的形式中，以庚年生的人所擁有的太陰化忌在亥宮更為不忌，這是因為金水相生之故。乙年生的人之太陰化忌，雖說不忌，還是有些得忌的。太陰化忌，本來是薪水之財，會不順，或無法存錢，或與女人不合，或有戀愛失敗，或不婚及桃花古怪的事，或是房地產因是非而減少或失去。但在亥宮的太陰化忌，尤其是庚年所生之人的『太陰化忌在亥宮』，在財祿方面是沒有問題的，戀愛、桃花也不算差。台北市長馬英九先生就是庚年生『太陰化忌、文曲在亥宮』坐命的人，非常小心桃花的問題及女人的糾紛，事實上，女性支持者反而佔大多數。因此『化忌不忌』是在他身上得到印證的。

乙年生的人之『太陰化忌在亥宮』，仍是要小心錢財上的是非或困擾，以及房地產的麻煩，其人和女性還是有格格不入的，需要小心的！

此形式入命宮時，外形美麗，但會內心悶，臉上有時會有茫然的表情，時常會有情緒低落時候，實際上是感情不順，無處渲洩，多運動能調節體能和情緒，心情悶的時候也易財運不順，故宜打開心房，多外出走動，變換身處環境，能改變心情，而有衝勁和奮發力。此形式入命宮的人最好像馬英九一樣，有『陽梁昌祿』格，會有高學歷和高官厚祿的人生。

有太陰化忌在命宮的人，仍會人生有些起伏的，自己內心的問題會大於一切，凡事只要自己想通了，就能走出康莊大道出來。

此形式入財帛宮時，雖說『化忌不忌』，仍要小心計算能力或理財能力不好而損失財。此形式的財運是本命有財，但會古怪及不順，亦可能是有房地產很多，但無現金。又不能變賣房地產來生活，故手邊仍緊。

此形式入官祿宮時，表示是上班族和薪水族，但不一定會朝九晚五的一直待在辦公室中工作，亦可能做臨時工作，或不天天上班的工作。更可能不工作，或做寓公以收房租維生。

此形式入運程中時，此運有些古怪，表面上有財祿，但實際有錢財糾紛，而花不到錢。仍要小心女人是阻擾錢財的關鍵。

第二節　太陰雙星『機陰、日月、同陰』的形式

太陰雙星的形式，是指太陰在子宮、丑宮、寅宮、午宮、未宮、申宮時所具有的形式。太陰在丑宮或未宮雙星形式是『太陽和太陰』同宮的形式，又稱『日月同宮』的形式。太陰在子宮或午宮

是『天同、太陰』同宮的形式，太陰在寅宮或申宮是『天機、太陰同宮』的形式。

太陰會因為同宮並坐的星曜不同，並且因所坐宮位而旺度不一樣，其命理形式和格局內容都會不一樣。亦會影響人類命運而產生差異和問題出來。

※日月同宮的形式，在上冊中第四章第一節（頁數第188頁至216頁）已有詳細解說，請讀者參考之。

機陰雙星同宮的形式

天機、太陰同宮的形式，會在寅宮和申宮出現。此為月亮忽明忽暗、變化多端的時候，故入人之命格，也會心情不定、起伏多變

化。在寅宮時，天機居得地之位。在申宮時，天機亦居得地之位、太陰居平。

機陰同宮剋應事物：

在人的方面——在寅宮，代表兄弟姐妹，代表聰明奔波的人，代表會計、出納人員、管理財務的薪水族、公教人員、運輸業者、汽車業務員，亦代表情緒變化大的人，外表陰柔聰明美麗、俊俏的人，南北奔波的司機、客運公司職員、保險業務員、房地產經紀人。喜談戀愛的人。聰明設計人員。

在申宮，代表職位不高，薪水不多的小公務員，辛苦奔波的薪水族，聰明但不會賺錢的薪水族，性格開朗但用情不專的人。

在事的方面——在寅宮，代表公司的會計、出納等事務，代表用聰明去賺錢的事，代表奔波之事，代表運輸之事，代表有財祿，但易生變化之事，代表有感情困擾之事。**在申宮**，代表小公司之會計、出納，代表聰明但不會賺錢之事，代表奔波但徒勞無功之事，代表兩地運輸或奔波之事，代表財祿少又會生變化之事。

在地的方面——在寅宮，代表樹林中的小河邊或沼澤地帶，代表有小樹的井泉邊、水坑邊。代表有月光的樹林中，代表聰明女人多之處。代表情話多變化之氣氛之地，代表戀愛或人情味多的地方。代表客運站，女子學校，或商業金融機構，股票市場。

在申宮，代表樹木高，但黑暗的河流邊或沼澤地。代表多變寡情之地，代表不會賺錢的地方，代表小氣又吝嗇之地，代表財利少之地，代表經營不善之學校。

在建築的方面——在寅宮，代表有樹木掩映、美麗的宅第。

亦代表外型是綠色和黑色相互間隔裝飾的房子或建築物。或是建造在樹林中舒適的房子或小木屋。**在申宮**，代表在樹林中用處不多，偶而用一下的臨時木屋，或旁有樹木的農舍，或外型為綠色古舊的簡陋的房子。

在物的方面——在寅宮，代表高聳之樓層的建築、房地產，代表較實用但外表不好看之化妝品及女性用品，代表有點設計意味的裝飾品，代表奔波遠地的長途汽車，代表仍可用的沙發、彈簧床，代表有點設計意味的畫作或文教用品，代表長型有用的東西。

在申宮，代表外表新奇但未必有用之化妝品或女性用品，如廢棄的電線桿，或舊的文教用品，亦代表有點設計意味的、裝飾起來未必好看的裝飾品，代表奔波遠地但不回頭開回來的長途汽車（單程汽車），代表仍可用的、醜的沙發及彈簧床，代表設計意味重、多

變化，但易不被人接受的畫作。代表長的、瘦高型的東西，未必有用的如舊燈桿、用過的高爾夫球等等。

在疾病的方面——代表幼年襁褓多災、頭面有破相、有皮膚病或痔瘡，小心肝膽之疾，體內燥熱易驚恐，女命經血虧損，小心糖尿病、疝氣、濕氣下注，肝旺目疾，內分泌失調、小膨等症。

在寅宮的機陰同宮之形式

在寅宮的機陰同宮之形式，天機居得地之位，太陰居旺，表示是變化多端之月亮，月光尚稱柔美，是明月高掛，具有皎潔月光的時候，但月亮容易鑽到雲層中忽隱忽現的。

天機代表聰明，代表運氣的起落變化，代表兄弟手足。太陰為

財星，代表女性，代表感情，代表薪水的財，代表銀行，代表陰藏之財，代表存款。當機陰同宮時，其意義會略有變化是指薪水之財有變化。兄弟姐妹之情還親密，與女性的感情會時陰時暗，銀行中之儲蓄存款時多時少。機陰的財是奔波的財，會到處奔波，東南西北的奔波，或到遠地求財，才會有的財。就算做薪水族或公務員也會在外奔波，很少能一直坐在辦公桌前工作的，屬於賺驛馬之財。

此形式入命宮時，外表清秀漂亮，身材好，大多數人有娃娃臉，桃花多，得人喜愛，頭腦靈活、聰明機靈，常為鐵齒之人，但喜暗學五術，凡事一學就會，在家待不住，喜往外跑，驛馬強，要小心車禍問題。一生為動盪不安，易遠赴他鄉，人生有不同之際遇。有文昌或文曲同宮時，因昌曲在寅宮落陷會較粗俗，也未必有桃花。此命格的人，心情起伏變化、情緒不穩定，為晴時多雲偶陣雨的典型個性，而且極敏感，脾氣不好，稍不不高興，就會爆發出來，有時又易多愁善感，重感情、不理智，也易猶豫不決，心情和思想都是善變的。但其人也會見風轉舵，適應環境的能力也很強，此命格的人是遇強則弱，遇弱則強。此命格的人之財帛宮為天同居平，官祿宮為天梁居廟，因此有貴人介紹工作給他，也易在薪水族、公務人員的結構體中工作。倘若命、財、官、遷等宮有多個煞星進入則無法在『機月同梁』的結構中工作成就事業了。

此形式入財帛宮時，表示是做薪水族或公務員、公教員的賺錢方式，錢財會起伏、不穩定，亦會賺聰明所得之錢財，手中可掌握之錢財數量會因運氣而起伏大。這也代表在你的人生中必因工作起伏的問題，可能有收入或多或少的改變。你也可能因換工作而薪資有變化。中間也可能因換工作會無薪水可拿。這同時也表示你會到

處奔波而得財。

此形式入官祿宮時，代表工作上有時好時壞的變化，會做上班族、薪水族，你的人生才會平順，若中途跑去做生意，一定會有耗損錢財之事，且不長久。你在薪水上的數值還不小，能領高薪，但是漸漸升上去的，這同時也表示你的工作是奔波型的，可能無法在辦公室坐很久，或者是常要到外地出差型的工作。這也表示你在工作上很勞碌，也屬於不穩定型的工作，會變化多的工作。你亦適合做設計師或裝潢業、房地產業等工作。

此形式入運程中時，代表此運會奔波求財，尚有財可賺，但中間易有些變化，會有運氣高起或下跌狀況，因此會有喜有悶的時候。你在此運中也會情緒忽好忽壞、情緒不穩定，忽喜忽悲、多愁善感，讓人摸不清楚頭緒。此運氣會東奔西跑驛馬星動，很忙，但

要小心車禍，以及小心勿多花錢，否則易財來財去，白忙一場。

『機陰、祿存』在寅宮的形式

『天機、太陰、祿存』在寅宮的形式，是甲年生人所會遇到的。在此形式中，祿存的保守、小氣會約束太陰的財，和天機的動感，因此此形式就會變得保守，而不太動了。就會動得範圍小，而不到遠方求財了，只周圍地方求財，自然財會變小、變得不太多了。此形式會比原本沒有祿存的機陰同宮的財要少得多。而且其人也會變得古怪、膽小。在聰明上也比不上只有機陰同宮的人。

此形式入命宮時，其人是外型瘦型、保守、膽怯的人。因被羊陀所夾之故。其人的夫妻宮有太陽化忌居陷，夫妻宮是表現內在感情與潛在思緒想法的宮位。因此此人常內心悶，內心有陰暗的一

面、不開朗，也容易躲在黑暗的角落，無法與人競爭。雖然在錢財和工作上都還平順，但是生平無大志之人，其人也不想太辛苦的工作，有衣食之祿就很滿足了。

此形式入財帛宮時，表示錢賺的不多，是少少的薪水之財。這是因為此人的遷移宮有太陽化忌居陷之故，周圍環境就是和男性不合有糾紛，以及事業運不好，常無工作，故手中之財會少，會靠家人生活。

此形式入官祿宮時，表示工作上薪水少，夠衣食之祿，其人因福德宮有太陽化忌居陷，頭腦不清楚，人緣不好，會靠長輩給錢過日子，自己的能力不好，所賺有限。

當此形式入運程中時，表示運氣變保守，想變化、想外出走遠一點，又內心擔心不敢走太遠，故無法賺遠方的財，財也只有一點

點。會小心謹慎的過自己的日子。心情仍是上下起伏大的。

『機陰、陀羅』在寅宮的形式

『太陰、陀羅』在寅宮的形式是乙年生人所會遇到的。**其形式應是『天機化祿、太陰化忌、陀羅』在寅宮的形式**。此形式是為人服務、做薪水族，但財會拖拖拉拉，並不順利的形式。此形式為『祿忌相逢』又再加陀羅的形式，這表示頭腦在某些方面有奇怪的聰明，但在感情方面，人緣方面的ＥＱ都是有問題及笨的。

此形式入命宮時，此人會聰明有餘，但人緣不好，做事拖拖拉拉，長相也未必好看，臉上有迷茫的表情，會頭大頭圓圓的，但身材瘦。頭腦糊塗、內心愛多想，易心情悶、是非糾纏在心中，也易言語尖酸刻薄，把事情弄得亂七八糟之後，損人不利己，再來逃避責任。其人也容易享不到福，瞎忙而一生無成就，只會搗亂。

此形式入財帛宮時，表示做薪水族，好像能賺到錢，但仍賺不多，會因一時頭腦不清或情緒變化而不工作，失去賺錢機會。更表示很聰明的做事賺錢，常因自己一時想法問題，或因感情的走向，或聽信他人，或聽旁人之言亂投資，而損失嚴重，一蹶不振。故財運不佳。

此形式入官祿宮時，容易中途改行或做事斷斷續續不長久。也容易不工作，或做臨時雜工。有些官祿宮時，要小心會不婚或婚姻不美，亦可能配偶也是不太會賺錢的人，容易做事半途而廢，或是常改行，或常做做停停或常不工作。夫妻倆會人生多桀難、不順利。

此形式入運程中時，表示此運工作會有變化，做做做停停，或中途改行。此運財運會有青黃不接的時候。運程中也會有很多磨難。要小心傷災、病災、車禍血光、開刀和肝病、婦女病、生殖系統病症等問題。

『機陰、火星』或『機陰、鈴星』在寅宮的形式

『天機、太陰、火星』或『天機、太陰、鈴星』在寅宮的形式，是有古怪聰明而刑財的形式。此形中天機居得地之位，太陰居旺，火星或鈴星居廟。因此火、鈴是很強勢的，會更增加機陰火爆、急躁的速度，車禍的問題更嚴重，耗財也更凶。

此形式入命宮時，其人皮膚及頭髮會發紅，或紅黑色的。其性格急躁火爆，脾氣不好、不耐靜，喜東奔西跑，坐不住。喜愛時髦新鮮的事物、用品，會染時髦髮型，愛換新款手機，一生都是急沖

沖的，做事潦草速度快、性格怪異，也易一生無成就。頭腦像是很聰明，但需做思考型的問題，則無法應付了。

此形式入財帛宮時，表示會因聰明、急躁、不耐煩而刑財、耗財。也因為追求時髦而耗財。此人進財會偶而熱鬧一下，有財進、不熱鬧時，少進財。在花錢方面，也會因一時衝動而失財多。理財方式是有一票、沒一票的方式。薪水工作做不久，故錢財極不穩定。

此形式入官祿宮時，表示工作不穩定，會突然失業，或薪水突然有或突然無，變化多端。你工作也很馬虎、潦草、急躁，根本無法做精細的工作，會做跑來跑去的工作，職位會不高，也不穩定。

當此形式入運程中時，表示此運會有奔波之事，也易有突發之事，要小心車禍血光，以及破財，還要小心工作會突然改變，會跑

來跑去奔波辛苦，亦需小心會突然失去工作或失去薪水。此運中你會脾氣火爆、情緒多變，別人會很受不了你。

『陰機、天空』、『陰機、地劫』在寅宮的形式

『天機、太陰、天空』或『天機、太陰、地劫』在寅宮的形式是卯時生人和酉時生人會遇到的。

當『機陰、天空』在寅宮時，申宮會有地劫獨坐。

當『機陰、地劫』在寅宮時，申宮會有天空獨坐。

天空、地劫五行屬火，在寅宮會木火旺，會更加聰明、智慧高，這是屬於數理方面或哲學、靈感方面的智慧，但亦會不實際、清高，在工作和錢財方面卻不一定能掌握了。倘若在申宮屬水的宮位的天空、地劫則居陷，空茫而無用了。

所以，**當『機陰、天空』在寅宮的形式入命宮時**，而對宮（遷移宮）有陷落的地劫獨坐，這表示其人情緒易起伏，頭腦聰明但不實際，在他周圍環境中就是一種容易被劫財劫空的環境，所以他不容易在自己四周看到有何機會和財運。這也表示其人頭腦空的可以了，非常天真、單純，平常也不太用腦子思想，偶而想一下，也都想一些不實際之事，或想天真的事，與現實生活會差很遠。因此此人易活在自己的世界中，和別人有隔閡，或是自顧自悶悶的過日子。未來易入宗教，也易踏入空門成為傳教、信教之人。

當『機陰、地劫』在寅宮入命宮時，對宮（遷移宮）有居陷的天空獨坐相照，這表示其人聰明古怪、易聽別人的話語而成為自己先入為主的思想觀念，喜歡偷學別人的想法，但其人的環境中常空空如野，周圍人少，因此其人也會很悶。常腦袋什麼也不想，即使想也是不實際的事。未來也會信教，或做宗教之事。

此形式入財帛宮時，表示福德宮會有另一個地劫或天空獨坐申宮，這也表示說：財的來源與源頭不好，是空空如野或被劫光的。因此其人的手中用度的錢財若靠薪水來支撐是可以的，但是薪水也不一定穩定，所以其人的享用不太確定。此人會有工作就有薪水來維生，無工作就難以生活，會靠人過日子了。

此形式入官祿宮時，表示其夫妻宮會有另一個地劫或天空獨坐申宮。這也表示倘若沒結婚、無配偶，其實工作也是不會長久及穩定的，因此你最好早點結婚，而且要一直保持婚姻關係，你才會工作長久，且為一有用之人。如果中途離婚或失去配偶，你將會老境堪憐，無工作，也易無吃飯的地方了。

此形式入運程中時，表示此運要小心，工作易突然中斷、薪水會突然無著，會無薪水可用。或錢財多變化而成空。此運要小心車禍及血光問題，會讓你失財、耗財，你更會頭腦空茫，情緒不佳而心情不好，災禍易生。

『天機化權、太陰』在寅宮的形式

『天機化權、太陰』在寅宮的形式是丙年生人會遇到的。這表示會用聰明或機智，再在適當有變化的時機去掌握變化而得財。同時也表示在薪水族的工作上會用聰明智慧來做的有成就。

此形式入命宮時，其人外表俊俏、精明幹練、性格堅強，凡事有主見，做事果斷、強勢，奮發力強、口才好、好辯。在其人生中亦能掌握運氣變化的時機，而工作順利。其人在財帛宮有天同化祿，在官祿宮有『天梁、擎羊』是『刑蔭』及『刑官』的格局，因此其人會在錢財上、在薪水族的薪金上能掌握，但會在名聲、地位上仍無法有高峰。

此形式入財帛宮時，代表在錢財上能利用運氣的變化，掌握時機而賺到薪水的錢財，也能得到高薪而享受快樂生活。此人會有輕鬆、固定、享福的工作來領薪水過生活。

此形式入官祿宮時，代表會掌握時機，在工作上有發展，亦能賺到較高的薪資，事業會有一般的成就。適合做薪水族、公教人員，做奔波的工作，或遠方求財的工作，常出差到遠方的工作會很適合。亦適合做設計工作或新聞工作或運輸業。

此形式入運程中時，代表能掌握變化而把握時機賺到較多的薪水，此運中會用聰明，才智來做事。此運中也會運氣起伏很大、心情也如坐雲霄飛車一般很緊張，但也能使你精明幹練。

『天機化科、太陰化祿』在寅宮的形式

天機化科、太陰化祿在寅宮的形式是丁年生的人會遇到的。此形式代表很會運用聰明做薪水族而賺到較多的薪水。

此形式入命宮時，其人會長相清秀美麗、人緣好，但自己也會常心情悶及頭腦不清，這是因為福德宮有巨門化忌居陷的關係，其人的財帛宮是天同化權、官祿宮是『天梁、祿存』，因此其人會做保守的薪水族，會過平順的生活，也會有長輩給他錢花用。

此形式入財帛宮時，表示很有方法和聰明做薪水族來賺錢，會有不錯的收入和薪水。此形式的財運亦是要奔波得財，要到遠方長途跋涉的得財才會賺得多。

此形式入官祿宮時，代表會很有方法做運用智慧及才華的工作，仍是做薪水族的工作，以及奔波型的工作，若做公教人員、軍

警人員也會奔波不停，或是長途型，或是到遠方來來回回的工作。你會因為常移動或出差或遷徙而有額外收入。

此形式入運程中時，代表會心情起伏不定，但心情還不錯。亦代表此運是做上班族、薪水族的財運，此運也會奔波不定，但會有收獲，錢財和工作都很順利，收入會增多。

『天機化忌、太陰化權』在寅宮的形式

『天機化忌、太陰化權』在寅宮的形式是戊年生的人會遇到的。此為『權忌相逢』的形式，一般人會以『雙忌』論。但是天機化忌是聰明上的古怪而有產生實際上糊塗可笑的狀況。太陰化權仍會掌握財和對女人有管束作用，只不過因古怪的聰明而仍會耗財而已，也仍會被女性反諷。在薪族的工作上易有中斷或改行的狀況。

此形式入命宮時，其人長相仍美麗，但臉上易有茫然的表情。其人頭腦古怪，有古怪的聰明，對人多疑，因福德宮有『巨門陷落、陀羅』，本命是笨又會腦子中是非多、專想古怪的事情，也易心情悶、不開朗。其人的官祿宮也有『天梁、擎羊』，是刑官及刑蔭格局，一生不容易出名，也地位不高。其人易無法掌握運氣的變化來達成理想目標。因此想賺錢、想掌握財富也會變得不太容易。

此形式入財帛宮時，表示錢財常因不知時運的變化或常有古怪聰明而賺不到或耗財。你會有固定薪水或有租金可賺，但也會有斷續中斷的情形發生，財運會不順，也會改行而損失錢財或少賺錢財。

此形式入官祿宮時，表示易不工作或常改行，也容易薪水族的工作做不長，你會自己開業做生意，但亦會損失。此形式的官祿宮

也易造成不婚或晚婚，要早日結婚，工作狀況也會稍順利一些。

此形式入運程中時，此運會有古怪聰明的事而吃虧耗財。此運也會運氣不好，頭腦又頑固，想要管錢、管女性家人或女性屬下、朋友，但管不了，反而惹氣。此運薪水族的工作也會做不長。有時會失去工作而不工作。有時會想很多，對工作有意見而放棄，此運易搬家、遷移，但不吉。

機陰在申宮之形式

天機、太陰在申宮的形式，是『紫微在酉』命盤格式中申宮所有的形式，此形式中天機居得地之位，太陰居平，故是聰明有餘，但財不多，較窮的形式。此形式仍是薪水族的固有形式，但會薪水

不多，此形式也會奔波、不穩定。

此形式入命宮時，其人亦會心情起伏大、情緒多變、不穩定，但其人外形俊俏美麗、身材好，仍會有異性緣，只是其人內在的感情會少一點，會酷一些。其人的財帛宮是天同居平、官祿宮為天梁居廟，亦會有貴人介紹工作給他，貴人又多半是女性。其人會做與名聲有關的工作，香港藝人古天樂就是此命格的人。

此形式入財帛宮時，表示是普通薪水族的薪水、薪水不多。或是做聰明較多得財不多的工作來賺錢的方式。亦會做奔波得財，而財少的工作。你手上能運用的錢財少，你會玩樂較多，聰明較多，但未必會賺錢。

此形式入官祿宮時，表示工作上變化不定、起伏大，也多奔波勞碌，薪水也會變化不定。工作仍是薪水族的工作，薪水不算多，但足夠衣食。

此形式入運程中時，表示此運會奔波，易遷移或搬家的變動。此運仍是做薪水族的進財方式。財不多，要小心應用。此運要小心車禍以及搬遷而耗財。

『機陰、祿存』在申宮的形式

『機陰、祿存』在申宮的形式，是庚年生人所會遇到的。**其形式實為『天機、太陰化忌、祿存』在申宮的形式**，此形式中祿存逢化忌，為『祿逢沖破』，故祿存的財實際更少，幾近於無了。此形式之意義為：具有保守的變化和保守的聰明，而錢財不順，但會有飯吃。

此形式入命宮時，其人外形瘦型，貌似怯懦、膽小，人緣不

好，保守，其人因夫妻宮有太陽化祿居旺，所以內心還是很想做工作賺錢的。其官祿宮為天梁居廟。故會有貴人介紹工作，有人提攜，一生平順。

此形式入財帛宮時，表示是保守的、夠衣食生活的薪水之財。錢雖不多，但衣食無缺。有此財帛宮的人，也不會貪心，會處處節儉用度，小心計算，且能有積蓄存款。其人生是小心過日子而平順的。

此形式入官祿宮時，表示工作是保守薪水族的工作，無大發展，但衣食無缺，有時且有餘存，有時會有積蓄。此形式亦是在小範圍內的奔波型態的工作性質，或是公教、軍警人員，固定又發展不大的工作型態會做持久一點，而想發展或換工作，就會一事無成，且會失去工作機會。

當此形式入運程中時，表示此運多變化，會愈變愈壞、愈沒財，要小心有錢財困擾和失去工作，暫時仍有吃飯的錢，但時間撐不長久，仍需要有固定工作，才會平順。

『機陰、陀羅』在申宮的形式

『機陰、陀羅』在申宮的形式，是辛年生人所會遇到的。**此形式中『天機居得地之位、太陰居平財少、陀羅居陷』**，會笨又耗財。此形式之意義代表多變化之財運又遭耗財、耗弱，因此會不順利。

此形式入命宮時，其人個子不高，外表較機陰坐命者為粗、不好看，但仍為瘦型，其人頭腦該聰明時不聰明，不該聰明時，很愛表現聰明。一般來說，仍是笨的，做事會拖拖拉拉的，喜往外跑，如果需要他奔波辦事時，其人又不想跑了！想待在家中或辦公室中，懶惰不做事。其人因福德宮有『巨門陷落、擎羊』，因此內心煩憂多，又會有陰謀設計之事，對人疑神疑鬼，會沒事找事，自找麻煩，也自找苦吃。在感情上也亦不順利，其人仍要做薪水族與奔波的工作，人生才會順利。

此形式入財帛宮時，表示薪水之財或奔波之財很微薄，耗財又多，賺錢不容易，工作易起伏不定，也易中斷或做做停停，故財少。

此形式入官祿宮時，代表薪水工作有耗損，或因不聰明或有笨事而薪水工作不長久，不能繼續，或有拖拖拉拉、做事不乾脆、不順。因此也會賺錢少，

此形式入運程中時，表示此運之運氣、起伏不定，尤其是財運非常少，還破耗多，要小心會工作不保，易失業或辭職。此運仍是

做薪水族的運氣。要賺錢須奔波至遠地才能生財，但人容易想不開、不想動，或因煩惱是非而不想做事，故財少。此運還要小心車禍問題，以防受傷更耗財。

『機陰、火星』或『機陰、鈴星』在申宮的形式

『天機、太陰、火星』或『天機、太陰、鈴星』在申宮的形式，天機居得地之位、太陰居平，火星、鈴星在申宮居陷。天機是運星、太陰是財星，火、鈴二星與之同宮，既會刑財，又會刑運。故此形式的意義是：有古怪的聰明或古怪的、偶而才有一次的熱鬧，使所有的運氣和財運瞬間而逝，無法把握，耗財多，得利少。

此形式入命宮時，代表此人有古怪的、略帶邪門的聰明，會性格衝動、投機取巧、做不實際，以致於工作不長久，或偶而才做一

點，故本命財少，也不想好好做事。其人一生會東奔西跑，在家待不住，工作和人生都是不穩定的。

此形式入財帛宮時，表示賺錢機會起伏不定，賺錢少，偶而會有一點機會賺錢，但賺錢的機會不多，故財少。還會有突然的耗財、損失。工作型態仍是奔波型的，薪水族型態的，只是做不長久而已。

此形式入官祿宮時，表示工作上賺錢少，又常常有一票沒一票的工作，此工作又是薪水族型態的，以及到處奔波型的，最容易做業務的工作，或軍警業的工作。要小心工作中的車禍傷災，以及工作做不長的問題。

當此形式入運程中時，表示此運中會錢財不穩定，進財時不多，偶而有一點而已。工作也易不長久，要小心失業或一時衝動而辭職。工作型態仍是拿人薪水，以及東奔西走型的。

『陰機、天空』、『陰機、地劫』在申宮的形式

當『機陰、天空』在申宮時，會有地劫在寅宮獨坐相照申宮。

當『機陰、地劫』在申宮時，會有天空在寅宮獨坐相照申宮。

故『機陰、天空』在申宮的意義是，運氣、聰明起伏變化多，本身不實際，頭腦空空，或太純潔、天真，以致無法掌握財和實際利益。

『機陰、地劫』在申宮的意義是，運氣和聰明起伏不定、變化多，本身不實際，又易受外界影響，遭外界劫入，而容易損失財。

當『機陰、天空』在申宮為命宮時，其人的遷移宮為地劫，故此人頭腦空空、脾氣又起伏不定，環境也常無人，偶而有壞的事劫

入。此人會有特別清高的思想，但做事無目標。其人是幻想多但無法實際達成目標的人。也易好高騖遠，一生難有成就。

當『機陰、地劫』在申宮為命宮時，其人的遷移宮為天空獨坐，此人有古怪聰明，常有不實際的思想劫入其人的腦中，在情緒上也會起伏不定、不穩定、脾氣不好。其人環境為空無狀態，因此他常有看不見外面有什麼機會和目標可努力。亦算是頭腦空空，做事不長久之人。

上述兩種命格的人，只要早點結婚，有配偶幫助他、管束他，就能督促其人有工作能力了。

『機陰、天空』或『機陰、地劫』在申宮的形式在財帛宮時，表示錢財起伏不定，財的來源空茫或被劫，而本身薪水族的薪水資金又少或不穩定，故財少。**若在官祿宮時**，真正是不結婚，工作就

做不長久。結了婚才會有人幫助你工作會穩定，否則易不工作。

『天機化祿、太陰化忌』在申宮的形式

『天機化祿、太陰化忌』在申宮的形式中，天機化祿居得地之位、太陰化忌居平，故仍是為人服務、做薪水族的格局。但會錢財少，有錢財是非或有債務，亦要小心工作不長久，常換工作，更要小心和女性同事或家人不和而損失財。

此形式入命宮時，因遷移宮有陀羅居陷，故環境不好，會鄙陋、窮困、文化水準不高，但其人的財帛宮為『天同、擎羊』，官祿宮為天梁化權居廟。故其人有貴人會照顧、提攜其工作，但錢財仍賺不多，仍有錢財問題，全過得苦。

此形式入財帛宮時，表示其人會做薪水族，但薪水不高，但工

作機會多，其人也會常工作不長久、做做停停，或常改行，而薪水常不穩定，會斷斷續續的拿到。

此形式入官祿宮時，表示工作機會很多，但薪水不高，而且薪水常斷斷續續，不一定能持續拿到，這主要是常改行或常換工作的關係。

此形式入運程中時，亦是做薪水族的運氣，但薪水不多，或不穩定。工作不穩定，常換工作，或改行而造成財少的問題。內心也會煩悶，或有感情問題，易失戀，或與女性有是非口舌、爭執。

『天機化權、太陰』在申宮的形式

『天機化權、太陰』在申宮的形式，是丙年生的人會遇到的形式。天機化權居得地的旺位、太陰居平。故能掌握變化、聰明絕頂，但仍財少。或很會做薪水族，很會做事，但仍賺不到很多錢。

此形式入命宮時，表示其人性格強勢、主觀、做事有主見，但本命財少，仍會做薪水族，是主貴不主財的命格。其人的財帛宮是『天同化祿、陀羅』是刑福又刑財、又笨的格局。官祿宮有天梁居廟，會有人介紹工作給他。若有『陽梁昌祿』格的人則會有高學歷及成就。無貴格的人則一生無成就又財少。

此形式入財帛宮時，會掌握時機，愛掌權，但錢財仍不多。會做薪水族的工作生財，但薪水不高。

此形式入官祿宮時，其人會想得多，煩惱多，喜歡在工作上掌權和掌握變化爭鬥，但工作上得財不多。因為其人命格是『天同化祿居平、陀羅』是好享福又笨的關係，並不能真正去掌權和爭鬥的原因。

此形式入運程中時，表示其人能掌握運氣的變化會變好，但財運仍還不算好。此運做薪水族會有表現，能升官主貴，但財不多，不主富。

『天機化忌、太陰化權』在申宮的形式

『天機化忌、太陰化權』在申宮的形式，是天機化忌居得地之旺位，太陰化權居平。此為『權忌相逢』的形式，此形式之意義為：有古怪聰明，或有不利的聰明，或是頭腦不清楚、有較笨的聰明，但會掌握錢財，或好管女性，或掌握房地產。因此這些問題都很危險。要小心會損失財，或女性不給你管，或房地產有損失，或薪水工作太堅持要較高的薪水，而被辭退或無法得到工作。

此形式入命宮時，其人頭腦不清，還好管錢財，好管女性親

友，會人緣不好，工作不長久，錢也賺不到。其人的財帛宮為『天同、陀羅』，賺錢方式就是懶又笨的方式，其人的夫妻宮有『太陽、擎羊』，代表內心是一種『刑官』格局，內心就不太想工作，故賺錢不多，雖還會有貴人介紹工作給他，但其人不積極，故財也賺不多。

此形式入財帛宮時，會頭腦不清、計算能力不好，聰明古怪，又愛管錢，又管不了，容易失財、耗財，自找麻煩，要小心有債務問題。

此形式入官祿宮時，代表工作不長久，頭腦不清，愛賺薪水，但賺不多。

此形式入運程中時，代表運氣不佳，會愈變愈壞，愛賺薪水，但也沒機會，易被辭退，或遇災而無法上班賺錢。要小心車禍及身

體有病，或突發事件而無法繼續上班賺錢。

同陰雙星同宮的形式

天同、太陰同宮的形式會在子宮和午宮出現。此為『紫微在巳』或『紫微在亥』命盤格式中之子宮和午宮所會出現之星曜。天同是福星，太陰為財星及愛情之星。故兩星同宮時所表現的是享受福氣與錢財和愛情方面的享受規格的問題。當此形式在子宮出現時，是天同居旺、太陰居廟。當此形式在午宮出現時，是天同居陷、太陰居平。因此此形式在子宮出現是享財福、愛情，生活舒適的形態。在午宮出現，則較窮、懶惰，財福少，感情薄弱。

同陰同宮剋應事物：

在人的方面——代表女老師、教文科的老師、幼稚園老師，或美麗愛享福的女人。姨太太、中醫師、按摩師、學術研究者，溫和脾氣好、氣質好的人。喜歡談戀愛的人，或喜歡享齊人之福的人以及美容師等。

在事的方面——代表與吃與玩樂有關之事，代表與水有關之事，代表裝飾美麗，擺著好看的東西，代表和平、體貼、感情真情流露的事情、代表外形美麗、有氣質、不慌不忙、嫺雅有風度之事。代表與娛樂享福有關之事，也代表男女愛情幸福之事。更代表學術慢慢增加之事。

在地的方面——代表有溫和好相處鄰居之地，代表靠近娛樂場所之地，代表靠近美麗花園之地，也代表靠近井泉、水道、溪流、窪地、水坑的地方，或在暗處享福之地。代表有用的窪地或水溝。代表可享福之地。

在建築的方面——代表有游泳池或有池塘、水榭的豪宅。或有按摩浴缸的房子。代表外型多波浪裝飾，類似巴洛克或洛可可式的建築。代表裝潢美麗的房子。代表外型橫寬、高度適中的大廈。代表蓋在溪流或附近有井泉美麗風景的別墅。或是外型為黑色、藍色的建築物、大飯店。

在物的方面——代表好用又貼心之物，代表洋娃娃、辦家家酒的玩具，代表水管、自來水、好喝的礦泉水、好玩的裝飾品、可愛的服飾、有趣的娛樂、好喝的飲料或游泳池、文具用品、學校用品、豐厚的私房錢、美麗的藝術品、化妝品、女性貼身用品、女性裝飾用飾物或珠寶用品、軟而舒適的沙發、彈簧床、按摩用品。

在疾病的方面——代表排泄系統、膀肪系統、水道系統的疾病、腸疾、耳疾、疝氣、墜腸、腎、膀胱、尿道、陰道的疾病、生殖系統的疾病、婦女病、內分泌的毛病。

同陰同宮之形式

在子宮的同陰同宮之形式，天同居旺、太陰居廟，表示是月亮正柔美、光亮、高掛天空，正是具有特殊羅曼蒂克的時間的時候，一切都美好、舒適、內心甜蜜。

天同是福星，太陰是財星和愛情之星。兩星同宮又居旺時，會享財福與愛情之福。此形式仍是『機月同梁』格的財，因此仍要做薪水族來賺錢過生活。生活會很穩定舒適。

在午宮的同陰同宮之形式，天同居陷、太陰居平，表示是中午時分月亮光發白的樣子，月亮有影子，但並不實際清楚。此形式亦代表財窮及懶惰、內心情份也少的狀況。

此形式入命宮時，在子宮，外表溫和漂亮、身材好、有娃娃臉、眺花多。此命的女子，身材豐滿，凹凸有緻、愛撒嬌、喜歡享福，容易靠人生活，或做姨太太，或做大哥的女人。此命的男子也易桃花多，有女子之態，得女人之助而成功，或靠女人幫助來討生活。在子宮入命的人尚為命格中有財的人，因此在人緣桃花及愛情上都很順利。其人財帛宮為空宮，官祿宮為機梁，而且夫妻宮亦為空宮，有機梁相照，因此易嫁娶比自己聰明又稍年長的配偶為佳，能得到寵愛。如果配偶較自己年輕，則感情易不長久。其人易在愛情中穿梭，故成就不會太高。此命格的人若能有『陽梁昌祿』格，

則適合學術研究或學藝術、醫學方面的專業知識。此命格能力好之人，仍可做忠諫之材、清要之職，適合做中醫、中藥學，會有成就。

此形式在午宮入命宮時，外表溫和、清瘦型，此命格的人也不豐滿了，仍慵懶、奮發力不足，本命中因天同居陷、太陰居平，命中財少，也表示在感情上付出較大，易與女性不合，也容桃花少。

同陰坐命的人的田宅宮都是天相陷落，表示財庫福不全，因此易家窮，有財也留不住。其人子女宮為廉破，表示子女養不好，教育不好，女命也易子宮不好，亦可能無法生育。

此形式入財帛宮時，**在子宮**，表示錢財平順，會有安穩的薪水或收入，生活很平順。手中可用的錢都一直平順。你也可能有父母或長輩給你錢花用而不愁錢財。**在午宮**，表示手中可用之錢財少。

你會較懶惰，或是所做的薪資工作做不長，或是原本薪水就少，因此常財窮。也易有債務，問題纏身。

此形式入官祿宮時，**在子宮**，表示工作穩定，是薪水族的工作，且收入穩定收入還不錯。你容易做與口才有關的工作，例如教育界、房地產經紀、保險經紀、業務等。**在午宮**，表示工作不太穩定，薪水少，或易做做停停。如果自己堅持力強，也能賺少少的薪水而生活平順。工作型態與前者同。

此形式入運程中時，**在子宮**，表示此運平安享福、錢財順利，在此運中戀愛運好，能享受溫暖甜美的感情。未婚者此運能遇到合意的對象，來談個戀愛。此運的工作亦好，會有穩定的工作，亦有溫和平順貼心的人際關係。**在午宮**，表示此運會窮、會懶洋洋的，也會感情不順，會有些事要操勞，讓你心情不好。人際關係也不

佳。工作會做不長或得財不多，易有債務發生。

『同陰、祿存』同宮的形式

『同陰、祿存』同宮的形式，在子宮，是癸年生人所會遇到的。**其形式實為『天同、太陰化科、祿存』**，表示會很保守、溫和，很會理財存錢，一切平順，但生活型態會小氣保守，所賺的錢也有限，不算太多，會衣食無缺，又稍有餘錢可積蓄。

在午宮，是丁年生的人。**為『天同化權居陷、太陰化祿居平、祿存』的形式**，此形式因天同化權居陷和太陰化祿居平而無力，仍為保守、小氣、財少，但有衣食溫飽而已，還是做薪水族的財，常有時想賺，有時又不太想賺，因此未必賺得到。

在午宮，己年生的人，**其形式是『天同居陷、太陰居平、祿**

存』同宮。表示保守小氣又懶洋洋，但仍能顧到自己吃飯的問題。賺錢不多，但能生活。

『同陰、擎羊』同宮的形式

『同陰、擎羊』同宮的形式，在子宮，是壬年生人所會遇到的。此為『刑福』、『刑財』的形式。因擎羊是居陷的，刑財更凶。

此形式入命宮時，其人會操勞而福不全，也會太計較而事事不順心，因夫妻宮有陀羅居廟，故在感情上常不順利，會找到比他自己笨的配偶，一生挑剔而不幸福。也會工作辛苦，或中途有停頓現象，會有錢財方面的問題。

此形式入財帛宮時，會錢財不順，薪水不多，工作做做停停，亦會有懶惰現象，一生手中可用之財少。

此形式入官祿宮時，工作會不長久，仍是薪水族的工作，賺錢不多。亦會因挑剔工作內容而不工作。

此形式入運程中時，要小心有傷災、車禍事件。此運會操勞不停，而且錢財少，也易時常有心有餘而力不足的狀況發生。

※『馬頭帶箭』格是指擎羊在午宮坐命、遷移宮是天同、太陰在子宮命格。一定要環境優渥才能有威鎮邊疆的成就。

在午宮，是丙年生的人。是『天同化祿居陷、太陰居平、擎羊』的形式，戊年生人，是『天同、太陰化權、擎羊』。

丙年生人的『**天同化祿**、**太陰**、**擎羊**』的形式，因三星皆居陷，原本不多的福祿，又被刑剋，因此工作仍不長久，財祿也不穩定，亦會小氣、吝嗇，說話尖酸刻薄，但成就不高，生活也不富裕。

此形式入命宮時，其人外表溫和、圓滑、內心較陰險、滑頭，也會內心笨，找到笨的配偶或晚婚、不婚。會做上班族謀生，但成就不高，雖官祿宮有天機化權居平、天梁，只會言語犀利，而做事沒那麼能幹。

此形式入財帛宮時，手中錢財仍是刑財、刑福，享受不多的狀況。也易工作中途中斷或改行而收入減少，或一時錢財不順，要小心有債務發生。也不易存錢、耗財多。

此形式入官祿宮時，表示是薪水工作會做不久、易改行，或中途中斷，也會錢財不多，薪水少，工作辛苦，但收入不成比例，更易偷懶不工作。有此形式時，更要小心易不婚或晚婚，會工作錢財更不順。

戊年生人的『天同、太陰化權、擎羊』在午宮的形式，三星皆

居陷。

此形式入命宮時，亦表示薪水工作想又做不了。想管錢又管不了，愛管女性同事部屬或晚輩但又管不了。仍會操勞，或懶洋洋，會忙些無用、無聊的事，在錢財上仍會窮困，易有債務，生活不富裕，其人容易身體有傷殘，在其人官祿宮中也有『天機化忌、天梁』，亦是頭腦不清，工作能力不佳的狀況。

此形式入財帛宮時，表示錢財易不順。其人想管錢又管不了。或無錢可管，一有錢就易花出去了，也無法存錢，還易欠債。此人也易工作做不長久，或不工作而收入少，及不穩定，耗財又多，不會理財。

此形式入官祿宮時，仍要做薪水族的工作，但會做不久。也容易自以為是的不工作。你會賺的薪水少，更不能隨便投資和做生意，會血本無歸。要小心欠債的問題。

當此形式入運程中時，表示此運會窮，易欠債，也會感情受創、易失戀，或無法認識新朋友或對象，此運桃花少，你也會內心古怪、自命清高，又條件高而不婚，或不想和人來往。要小心工作上出問題，易失職、失業，錢財會不順。亦要小心傷災、車禍問題。

『同陰、火星』或『同陰、鈴星』同宮的形式

『同陰、火星』或『同陰、鈴星』同的形式，在子宮，火星、鈴星居陷，而天同居旺，太陰居廟，而形成『刑財』、『刑福』的形式。火、鈴會因為衝動、急躁、性格火爆、脾氣壞、粗魯、不斯文、做事馬虎、潦草、急急忙忙的不用腦筋而損失耗財。因此會耗

損天同的福氣與太陰的財力。並且在姻緣桃花上會偶而才有一點機會，時間也不長，容易是蜻蜓點水的關係，也會感情世界不順利，因小事磨擦而分開。更造成其享受悠閒清福與財祿用度的福氣不多。

在午宮時，因天同居陷、太陰居平、火星或鈴星居廟，最旺，因此火、鈴的現象最明顯。此形式的意義是原本福與財都不多的狀況下還古怪，或更刑財，以致於易遭災或更窮困。

此形式入命宮時，其人會個性急躁、脾氣壞、不耐靜，做事粗躁，常不耐煩，頭髮易染成黃色或紅色，本命財少，但喜歡追求時髦，追求流行，常換手機，喜歡高科技產品，對人不任、多疑。此人一生容易重要的事把握不住，常換工作，或工作不長久，也易做做停停。因此火星、鈴星會影響其一生的成就。但其人會聰明、

反應快，但性格古怪，人際關係不好，做事也會特立獨行。

此形式入財帛宮時，是刑財、刑福的形式，會使原本也很少的福與財，會更加的古怪的少。你也會偶而有一點財進，花得快而大部份時間都無財進。你更可能會有意外事件更耗財。因此是理財能力不佳，根本不能投資或做生意，會容易欠債、拖累自己和別人的狀況。你也容易工作或賺錢機會突然失去或中斷，以致於錢財窘困。

此形式入官祿宮時，亦是刑財、刑福，工作不長久的狀況，也會偶而有一點工作，或常不工作。你易東奔西跑，做粗的工作，無法做細心精算或文職工作。你亦會人緣不好，工作有一搭沒一搭的，做不重要的工作。因此工作上不容賺到錢。

當此形式入運程中時，表示此運會心情起伏不定，情緒不穩

定，容易和人吵架、不愉快，也容易突然失業或財窮，要小心車禍或太心急，急躁而出錯，或耗財。

『同陰、天空』、『同陰、地劫』同宮的形式

『同陰、天空』或『同陰、地劫』同宮的形式，都是福空、劫福、財空、劫財的形式。**在子宮**，因天同居旺、太陰居廟，財和福很厚實，故會劫不完、空不完。天空、地劫和同陰同宮，代表的是頭腦有特殊聰明想法，但不實際或是不合環境需要的狀況，而形成福享得不多或財享受不多。

此形式入命宮時，代表其人仍然外表豐滿美麗、身材好，臉上有茫然的表情，看似清高，腦袋常有不實際，但又高人一等的智慧，對數學和哲學之類的學問會較精明，而對一般的生活瑣事較不

喜歡用腦筋應付。其人的夫妻宮會有另一個地劫或天空，這表示其人內心也很純潔、天真，凡事想的不多，但也容易忽略人生的大前題，容易事業沒有成就，或在感情的事上不用心，也易不婚或晚婚，而享不到感情的福氣或家庭生活的美滿，十分可惜。因此，一定要結婚才會有美滿人生。

在午宮入命宮時，天同居陷、太陰居平、地劫，五行屬火，在午宮較旺，因此劫空更空的厲害。其人會頭腦更聰明，靈感更好、更強，具有超靈感能力，但在正事上反而無法掌握，會在錢財上更窮，不會理財，常天真、純潔、不實際，花錢凶，沒錢就不花，有錢很快就沒了。其人的夫妻宮亦有另一個地劫或天空，故是內心真的天真、純潔，什麼都不想了。要小心沒工作也會靠人生活，一生無用。

此形式入財帛宮時，**在子宮**，錢財容易空，或不一定能賺到那麼多的薪水了，會工作有起伏不順。因為其人的遷移宮會有另一個地劫或天空，因此其人在環境上就是空、劫，他會看不到環境中的財福，因此會賺錢少。如果運氣好，有一天頭腦突然聰明了，看清楚環境中的財，知道如何去賺了，也能財運變好。**在午宮**，因本身手中可掌握的錢財少，又逢空、劫，眼睛能看到的財更少，故是毫無理財能力，會窮又耗財。工作做不長，無收入且會欠債。

此形式入官祿宮時，**在子宮**，表示頭腦常有古怪聰明的想法，會不實際。運好時仍能有穩定薪水族的工作，收入好。運差時，會工作不穩定，收入全無。**在午宮**，會懶、不工作，或做收入少的工作，或做臨時性工作，會做做停停不長久。收入也易入不敷出。

此形式入運程中時，**在子宮**，此運氣會情緒起伏，時好時壞，你也會常有清高或怪異聰明的想法，不同於流俗，在感情上易有空窗期，你的感情是空茫的，你也容易看不到財，或享不到輕鬆生活的福氣。不過下一個運氣會更好，也不用擔心了。**在午宮**，此運會窮困，沒錢，而且感情很冷感，為人小氣吝嗇，周圍的人會對你報怨，下一個運氣也會變好，人緣機會也會改善，財運會好。

『天同化祿、太陰』在子宮的形式

『天同化祿、太陰』在子宮的形式，是丙年生人會遇到的，因對宮有擎羊相照，是故外在環境不好。因此『天同化祿、太陰』在子宮雖皆居旺位，仍是會受到外在環境的影響，其實其財祿是沒有想像中那麼多的。此形式在享福上面，會較圓滑、會偷懶，不容易讓人發覺，但在財的方面仍薪水族的財。只是在工作上會安穩一些，除非他自己不想做，是沒有人會趕走他的。

此形式入命宮時，其人會圓滑、人緣好，但也愛偷懶，常會四肢無力，做不了粗重的事，也會逃避較辛苦的事，但吃喝玩樂的事，則當仁不讓，久而久之，別人也都有好吃好玩之事才會找他，因此容易交到酒肉朋友。

此形式入財帛宮時，其人會錢財穩定順利，常享財福，吃飯請客有人出錢，也會有長輩或上司給錢讓他花，十分好命。一生錢財不愁，但因福德宮有擎羊，會替人操勞不停，幫人打點事物，自己做些像跟班之類的事，也不介意。

此形式入官祿宮時，其人大工作上會安穩，收入是薪水之財，因夫妻宮有擎羊，財帛宮有『機梁、陀羅』，表示你內心很小氣、計較，不想多做一點事，故也不會多賺錢。守著一點死薪水就可以了。

此形式入運程中時，表示此運享福、好玩的事情多，享受不少，錢財安穩、戀愛順利，會顧家，凡事不想遷徙移動，故不會換工作，也不會搬家，只想平安快樂的享福、玩樂一下。

※在午宮的『天同化祿、太陰』的形式，因有擎羊同宮，在前面已說過了。

『天同化權、太陰化祿』的形式

『天同化權、太陰化祿』的形式，是丁年生人會遇到的。在子宮時，此『權祿相逢』的形式很強勢，雖仍是薪水族，但能掌握福運、財權，是薪水族中收入最多的形式，但是對宮（午宮）有祿存獨坐相照，仍會限制福祿的大小不會太大。

此形式在命宮時，其人會外表美麗、氣派、有魄力，為人圓滑、人緣好，但仍有些保守，因遷移宮有祿存，故一生行事風格仍受到限制。會小心求財。此人天生有些好命，會有父母或長輩帶給些財祿，會生活舒適，安享多，奮鬥力少，因福德宮有太陽、巨門化忌，會頭腦不清，錢財也未必順利。其人的疾厄宮有擎羊，故也要小心身體上不佳，有傷災，會損失生命之財。

此形式在財帛宮時，會有父母或長輩給錢花用，因官祿宮是空宮，而夫妻宮有太陽、巨門化忌，事業運不佳，人生是安享的狀態。工作是不穩定的。其人也要小心田宅宮是擎羊獨坐，會有暴發運，暴起暴落，而財空。

此形式在官祿宮時，會工作順利好管事，因夫妻宮有祿存，故心態保守，工作會穩定、享福，有固定的薪水，再加獎金，你就很滿意了，不會再多要求什麼，因此一生順利舒適。

此形式入運程中時，你會很能幹的守著一個舒服的工作，收入又很好，過快樂舒服的日子，也會掌握享福的時候，或運用人緣關係而得財。此運是你一生中最快樂的時候，錢財順利，又能找到真愛，心情快樂透了！

在午宮的『天同化權、太陰化祿』的形式

在午宮的『天同化權、太陰化祿』的形式之中還有祿存同宮。

這仍是丁年生人會遇到的。此形式中天同化權居陷、太陰化祿居平、祿存居廟，表示享福與財祿皆不強，又保守，是有衣食溫飽、有吃飯的錢，也能稍存一點錢，但不會大富。一生能平順過日子就不錯了。

此形式在命宮時，本命仍財少，又保守小氣，無大發展，因為福德宮有太陽、巨門化忌，相照財帛宮的空宮，故仍錢財多是非糾紛，可用的錢少，生活仍不富裕，仍是薪水族的命格。

此形式在財帛宮時，是想管財、想多賺錢但保守、又懶惰、想享福，故無法多賺錢。一生會守住自己能吃飯無憂的工作，無大發展，錢財不多，仍會小心謹慎用錢及存錢。

此形式在官祿宮時，表示做薪水族的工作，賺少少的錢，也做少少的事，也會做不太麻煩的事而有薪水之財。若工作太麻煩就會不想做。因此一定會找一個穩定又不麻煩而輕鬆的薪水工作。

此形式入運程中時，表示此運中會想做事又保守、踏不出去。通常是想管又不想管，想做又不想動的狀況，故仍呆在原處，不會變動。因此工作穩定，生活一成不變，權祿對你是沒有用的。

『天同、太陰化權』同宮的形式

『天同、太陰化權』在午宮的形式，是戊年生的人會遇到的。

在子宮，是天同居旺、太陰化權居廟，故是享福與掌握錢財都很強勢的狀況。**此形式入命宮時**，本命有財有福，但因遷移宮在午宮有擎羊，代表周圍環境有刑剋不佳，因此生活會份外辛苦。又因官祿宮有『天機化忌、天梁、陀羅』易頭腦不清、工作做不長，易改行或起伏而失業。其本人愛管錢，但不一定管得到，但會在桃花上、愛情上積極一些。

此形式入財帛宮時，其福德宮有擎羊，表示財的來源不佳，有刑剋、財少。其人命宮是『天機化忌、天梁、陀羅』，本人笨、頭腦不清，人生必有大的起伏，財來財去，享受到的不多。

此形式入官祿宮時，其夫妻宮有擎羊，表示其人內心愛計較、有刑剋、自私、保守，會做薪水族，努力賺薪水，但發展不大。

此形式入運程中時，表示運氣尚平順，會努力賺薪水，性格溫和，喜歡談戀愛，能主動掌握感情，此運亦會對女性有說服力，讓女性來幫你的忙。此運更能享玩樂之福。且很會算帳存錢。

在午宮的『天同、太陰化權、擎羊』的形式

『天同、太陰化權、擎羊』在午宮時，因為三星皆居平陷之位，化權不強無用，因此是懶惰、窮困、有傷殘、不順的運氣。此形式在前面『同陰、擎羊』在午宮的形式說過了，請參考之。

『天同、太陰化忌』的形式

『天同、太陰化忌』的形式，一種是乙年生的人會遇到的。一

種是庚年生的人會到的，庚年遇到的形式中，還有『天同化科、太陰化忌』。

乙年生之『天同、太陰化忌』在子宮的意思是：是愛自己享福、外表溫和，錢財也有，但財運會古怪或耗財，也會感情不順、心情不好，以及和女性有不合及磨擦。

在午宮的意思是：溫和、有些懦弱、錢財不順，易有債務，或不會算帳，本身感情冷淡，和女性有是非糾紛。

此形式入命宮時，在子宮，此人會依然美麗或俊俏，本命的財多、福多，外表溫和，臉上常有茫然如霧般的表情，會計算能力不好，不會記帳，其人財帛宮為空宮，官祿宮為『天機化祿、天梁化權、擎羊』工作上競爭多，又愛掌權，但會掌不到權，亦會失業或轉行，工作有起伏狀況。

在午宮，其人亦美麗、瘦型、溫和，但本命財少，會懶洋洋的，因夫妻宮有擎羊，財帛宮又有陀羅獨坐，故內心小氣、愛計較又愛競爭，其實賺錢能力是笨的，財又常拖拖拉拉進不來。故會更窮，縱然官祿宮有『天機化祿、天梁化權』也會做薪水族，進財不多。

此形式入財帛宮時，**在子宮**，是錢財時有時無的狀態，仍會有錢財問題，或薪水不正常的狀況，但最後會過得去。**在午宮**，會財窮有錢財問題，亦會欠債或失業而無財可進。

此形式入官祿宮時，**在子宮**，容易中途改行，也容易從薪水族轉做生意，又轉回薪水族，或是根本就不再工作了。**在午宮**，工作做做停停，做不久，薪水少，常常不工作。因為其人命宮有陀羅獨坐，本人笨，會找人給錢生活。

此形式入運程中時，在子宮，此運是又懶、又人緣不好的運氣，要小心感情不順，或會有感情空窗期，要小心和女性有不合、磨擦，也要小心耗財。**在午宮**，會窮困、懶惰、不想動，也和女性有糾紛，易欠債或失業。

庚年生之『天同化科、太陰化忌』在子宮，代表很有方法享福，及很有方法使一切平順，但仍會性格古怪，感情不順，失戀或桃花少，不會理財，薪水工作會中斷。但一切事情會淡然處理，內心會難過不久。**在午宮**，代表很想用方法來享福或擺平一切，但仍力量不強，又窮、不富裕，有錢財問題，欠債或有財務糾紛。也會桃花少、感情淡薄，戀愛機會少，薪水工作易中斷。**此形式入運程中時**，在子宮能享福，只是心中易鬱悶、情緒起伏大。在午宮是享福也享不成的，會窮困、情緒更壞。

第九章　太陰在『命、財、官』、『夫、遷、福』對人之影響

第一節　太陰在『命、財、官』對人之影響

太陰在人命中是和太陽相對等重要的星曜。我們在算命時，太陽是代表人類外表或表面上，或外在形象上的快樂喜憂，以及人性格上，前程運氣上的快樂、爽朗的光明面的一面。而太陰在人命中是扮演內在魂靈方面的喜憂、快樂。

通常以人命光明面較多，心胸較開朗，好運也較多的，會以命盤中的『日月皆旺』或『日月俱明』的格局為一個標準。以人命較晦暗、心緒多鬱悶的，好運也略少的，會以命盤中的『日月反背』的格局為一個形式格局。所以太陽和太陰（月亮）實已在人生格局中形成支柱天綱，是任何星曜無法超越和替代的。尤其在『命、財、官』等為人生命運和命格之主體架構中，更是擎天支柱，只要看此雙星就知道命運好壞了，也能知道一生的起伏變化了。

太陰要影響人的關鍵，第一、要看旺弱廟陷。第二也要看是單星或雙星形式。第三、要看太陰所在的宮位與移動方式。太陰代表人之身宮，並且每三天移一個宮位，太陰是人元神所在之宮位。

若看雙胞胎之命格，晚生之弟弟妹妹之命宮相同，但其身宮要往後挪一個宮位。身宮不同，人天生之元神就不一樣，命運也就有好壞之別了。

太陰是『財星』，不但代表人活著時可用之錢財，也代表衣食之祿，還代表生命的財、健康的財、感情的財、人緣的財，以及房地產居住的財。太陰在人命中亦代表感情智商（EQ）、愛人的能力（付出感情的能力），接受感情的能力、母性的能力、柔軟的力量（柔能克剛）、溫和力量、羅曼蒂克的力量、氣氛，隱忍的力量，容忍、容人的力量，圓融力、潛在的力量、陰柔的力量，不顯露的力量。

太陽是陽剛、明亮的，太陰就是陰柔、陰暗的，太陽在明處，太陰就在暗處。月亮是因太陽反射而有光芒的，所以太陰是依附太陽而有光輝的。

當太陰處在『命、財、官』等三合宮位上時，你的人生結構和成就及人生結果，根本就是『機月同梁』格的格式。事實上你也會和聰明、機敏、情緒時晴時陰，表面性格溫和，有照顧人和被照顧的運氣和能力。你的人生格局也應是在家庭中才能得到好的發揮。

你會須要很多的感情，和很多的休閒時間來完成你人生的夢想。而你的夢想也多半與家庭有關。『機月同梁』格的人，其成就也多半在家庭。

例如說：太陰在命宮，就表示你這輩子是以錢財為重的，也表示你的生命、精力和感情、情緒是和太陰（月亮）息息相關的。你一生會操勞像月亮一樣，『日月如梭』的過日子。

太陰居旺坐命的人，最喜歡晚上的時光，白天懶洋洋的，晚上精神好。其人更以夜生人命格佳，為加分。其人會受月亮及潮汐影響，情緒會有起伏。月圓、月缺都會影響情緒。以月圓時情緒好、

月缺時情緒差。

太陰居陷坐命的人，也要夜生人為好，日生人是命格更為落陷，會財運更差、命窮。也會健康不佳、多病痛、健康的財也鬧窮。更易陰氣重，易受陰煞影響或惡鬼纏身，要小心八字全陰的人，會有災禍命衰之人生。

太陰居旺坐命的人，是享受人生中的『財福、愛情』等享受的人，雖有好動，忙來忙去，但至少能享受到錢財、優渥的生活享受，以及愛情的歡愉。

太陰陷落命的人，是奔波操勞的人生，也很想享受『財福、愛情』等享受，但是沒法真正去體驗此種人生快樂的。因為會心窮，內心的財就少，付出與接收的機制會不靈光的緣故。

太陰出現於人命格之中時，是太陰單星形式出現比雙星形式出現時為好的。因為太陰單星形式在其人『命、財、官、遷』等四個有關的宮位出現時，最多也只有一個宮位會在財帛宮或官祿宮出現空宮。而太陰雙星形式在『命、財、官、遷』時，則會有兩個以上的空宮，如此，就會對其人的生命的財和享福的財有很大的影響了。其人就容易生活不富裕、心窮，命運也窮，沒有能力施展工作上的打拼力量，身體有病弱無力的狀況，人命也會活不太久了。其人更無掌握財，無法任財，自然是任憑財從眼前溜走而自己花用不到了。其人更容易思想較笨、學習能力差，以及常體力不足，或猶豫不決。本命財少的人，會懦弱無用，情緒又波動大，自己無能，又會陰險的來掩飾自己的無能，有時他們是以退為進的。更會用懦弱來欺負別人。自己裝可憐來博取別人同情，來耍弄對他好的人。

雙星坐命的人，**例如日月坐命人**，會有遷移宮和財帛宮是空宮，周圍環境和錢財用度上都是空宮，不太確定了，自然其人思想易搖擺、飄乎不定，像霧裡看花，不太能看到自己身邊的機會和財祿，就容易賺錢不多，也容易出車禍、傷災，會刑剋到自己的本命了。

例如**同陰坐命的人**，也會有遷移宮和財帛宮是空宮，亦容易兩眼昏花，看不清周圍環境中的財和福，賺錢會少或不知財福的方向、方位，自然會比其他人賺的少。再加上他們喜歡享福，享各種可偷懶的福，也會不想打拚，比其他命格的人會努力較少，自然獲得較少了。

例如**機陰坐命的人**，只有一個遷移宮是空宮，財官二位都有主星，所以機陰坐命者的命中財，還是較多的，會比前二者為多。

基本上命宮有太陰坐命的人，在『命、財、官、遷』等宮中，

日月機巨
《中冊》

都是有天同、天梁兩顆星，就是要享福與有貴人蔭庇的幫助、照顧，人生才會有大好的成就與收獲的。如果貴人運是受刑剋的，或父母窮又照顧不到，貴人星就會受傷，而一生之成就也會不高，一生的享用也會不好了。例如馬英九先生的父親對其功名照顧得不遺餘力，自然其人生也是高人一等的了。

當『命、財、官、遷』等宮中有兩個空宮出現時，其人生資源是極少及不確定的，因為空宮中極易進入煞星，如羊、陀、火、鈴、劫空等星。如果空宮中無主星還好，尚不致有災。有了煞星，就是刑剋，反而更等而下之了。若進入祿存、文昌、文曲或左輔、右弼，也不能完全算是『吉』，有些狀況也是刑剋及縮小，或是桃花邪淫的關係，也會造成刑剋的力量，所以『命、財、官、遷』四個宮位中有一半的宮位成為空宮時，其人人生的目標會很模糊不清，目標與成就是很難達成的。

太陰在財帛宮時，也是一樣，太陰居旺時，會理財又會存錢，手中的錢會源源斷的出現，會喜歡買房地產來儲存，你會選定一種主要的生財工作，固定去做。雖然賺錢機會較多，但你不會三心二意的改變工作。因此薪水的財像清泉一樣，會源源不斷的湧出來。太陰居陷在財帛宮時，都和窮有關，會心窮、財窮，兩相糾結，主要還是心窮而看不到環境中的機會，故而財窮，其人也會花錢沒節制，耗財多。以及不會理財、存錢。

在財帛宮的太陰，仍以單星出現比雙星出現為佳。如日月在財帛宮時，其人的官祿宮和福德宮就是空宮，事業上是茫然的，打拚力不足，縱然錢財像烏雲遮月般，偶然走到面前，你也是未能享受到財福的。**如同陰在財帛宮**，也會有官祿宮和福德宮為空宮，亦是工作打拚能力不強，自然能享受到的財福少了。此人是靠本命中的財在支撐著。**如機陰在財帛宮**，會有福德宮為空宮，其人的田宅宮（財庫）也是空宮，因此天生的享用是不確定的，財庫自然也常空茫，存錢存不住了。

太陰在官祿宮時，也是單星形式比雙星形式好，並要以居旺形式才能在事業上賺錢多，有成就。

你會發現，在『命、財、官、遷、福』等宮位有太陰出現的人，就是『機月同梁』格的人。『機月同梁』格的人生就是享福和賺錢。太陰的財沒有武曲及天府等財星那麼多，是一種小規模的，夠衣食及儲存好過冬天的財。所以賺錢對『機月同梁』格的人很重要，否則會直接影響吃飯問題，生命的存活就受到考驗了。所以太陰的財是養命的財，同時，太陰的財，即使再富有，也是養自己一人之命，即使再儲蓄多，也是一家之財，無法富可敵國的。

太陰雙星在官祿宮時，如日月在官祿宮，其人之命宮和夫妻宮為空宮，表示頭腦空茫，內心也空茫，不知何去何從，容易人生沒計劃，也不知自己喜歡什麼，因此也沒目標。而其財帛宮又是天梁陷落，也無長輩或貴人幫忙錢財，所以一生財少，工作做不久，賺錢少，享受財福都少，是本命財少之故。

例如同陰在官祿宮時，命宮、夫妻宮、福德宮都是空宮，此人空得厲害了，會隨運氣沉浮而過其人生，因為其父母也窮，自小容易過繼給人，或人生中有暴發運、偏財運，會造成其人意外、奇特的人生。

命好的人命中財，也會發富而享受好。命差的人命中財少，亦會有災禍而亡，生命不長久。有一位朋友就是此命格，因是庚年生的人，僕役宮有『武曲化權、貪狼』，因朋友而大發，成為大富翁，35歲以後而改變了人生。

例如機陰在官祿宮時，會只有夫妻宮是空宮，本命是天同居平坐命，表示婚姻和事業會相關，早點結婚會對事業起伏不穩定的狀況有幫助。結婚後配偶也會幫忙帶財來。

太陰如果居陷在『命、財、官、遷』等宮之中，能形『陽梁昌祿』格的人，可由讀書、考試、高學歷、升級來往上爬而主貴，由主貴而賺到錢，沒有此貴格的人，容易讀書、升遷半途而廢，不順暢，一生成就也小了。太陰居陷在『命、財、官、遷』或命盤上任何宮位，皆是『刑財』色彩的形式，也都會心窮、內斂、自閉、怠惰，成就不佳。

第二節　太陰在『夫、遷、福』對人之影響

太陰在夫妻宮對人的影響

太陰單星居旺在夫妻宮時，要無煞星，如羊、陀、火、鈴、劫空、化忌同宮，沒有刑剋時，會女命能嫁體貼、溫柔、俊俏之夫，會賺錢，事業薪水多，會有成就，夫妻感情好的配偶。男命主妻美麗、溫柔、會存錢、持家，亦會賺薪水之財，會儲存房地產，或本身多金，能帶妻財來之配偶。你們會特別恩愛，也會過羅曼蒂克的生活，時常活在愛情的甜蜜中，對人也有容人的雅量，亦會對人常做出貼心的關懷，一生中最會以『情』來打動人。故你同時也是個『重情不重理』的人。

太陰單星居旺在夫妻宮時，又有煞星同宮時，有擎羊同宮，是刑財與刑姻緣、刑桃花的格式。因此你會有時對人很好、很貼心，有時小氣、計較，愛刺人、挑剔別人，易挑起紛爭，好和人競爭，喜嫉妒，是內心感情上長了刺，會使自己不開心，也會使別人痛苦，亦會婚姻不易結，喜歡的，愛的人愛不到，不愛的人長留身邊。**有陀羅同宮時**，其人命宮有擎羊，表示其人表面上很厲害，對人嚴刻，但內心是笨的，感情悶或原地打轉，頑固、喜歡蠻幹或在感情上耍野蠻，因此也自己受傷，感情不順。你也會有時聰明一點會對人偶而寬鬆一下，但時間不長，且會要回報，有時又再嚴剋回來，對人毫不留情。**有火星、鈴星同宮時**，表示內心急，內心有怪異聰明，會東想西想、不實際，也會粗心大意、或急躁出錯、耗財、理財能力不好。喜歡表面美麗、及時髦流行，會把很多事注意外表毛皮而不明究理。自然會影響未來成就。但會行動力好，起而行去做，只是思慮不周詳，要多做幾次才會成功。**有天空、地劫同宮時**，內心空空，其人不是太純潔、太天真，就是太空茫太笨，其人也易感情空空，常有空窗期，對人的愛很少。同時也不太會愛人。未來小心少桃花，或少付出感情，將來和配偶之間也易感情漸漸趨淡，有劫空雙星在同宮時，表示無配偶，且易入空門，出家，或修道，在宗教中過生活。

太陰單星居陷在夫妻宮時，表示內心已心窮了，沒有煞星同宮時，主其人配偶窮，你會不在乎配偶或情人的家世背景及賺錢能力而結婚，你也會對配偶或家人、親友付出的感情較少、較冷淡，如果太陰單星居陷又加羊、陀、火、鈴、劫空、化忌等煞星時，是原本已心窮的狀況，更遭刑剋，會不易結婚或不想結婚，或婚姻不長久，或感情古怪，亦可能找到同性來同性戀，這是性向不分，頭腦糊塗之故。地球上之生物皆有辨別性別之能力，所以異性相吸，來產生生物種進化。只有較原始的物種有雌雄同體的。『同性戀』的問題，就是回歸原始雌雄同體之狀況，會使類種無法進化而滅絕消失。

太陰雙星同宮在夫妻宮時，都會有不穩定、變化多端的感情、愛情，同時會以配偶或情人的財祿做評析其人能力，是否可婚配的條件。也就是說夫妻宮只要有一個太陰，都是可花到配偶之財的人。而且容易以愛情去俘擄人來為自己製造財來給自己花。當然他們也最先以愛情或羅曼蒂克的氣氛去捕捉愛情俘擄。此時如果夫妻宮再有煞星出現，其捕捉愛情俘擄的技巧就有瑕疵，會捕捉不到，而感情不順了。

太陰雙星在夫妻宮，其感情模式是皆不一樣的，例如同陰在夫妻宮，你的感情模式就是要以溫和、享福、美麗、慵懶，對你好，最好能賺給你花的感情模式來愛人。**例如日月在夫妻宮的人**，你的感情模式是以陰陽或明暗雙管齊下的愛情模式。在丑宮時，你喜歡談暗的感情、愛情，夜晚才談情說愛來約會。在未宮時，你喜歡光明正大的談情，浪漫氣氛會少很多。你會重視情人或配偶的工作，到底會賺多少錢？為人現實的條件多一些。**例如機陰在夫妻宮時**，你會心情不定，一會兒高興，一會兒情緒不好，時晴時陰，你喜歡找聰明又會賺錢的人做配偶，但不一定找得到符合條件的，你也會因你本身的條件好壞而找到類似的人來做配偶，你的內心對聰明的要求較多。

太陰在遷移宮時

太陰單星形式在遷移宮時

太陰單星居旺、居廟在遷移宮時，代表你出生的家庭是薪水族的家庭，而且是環境中財多，父母收入好。周圍環境中的人會對你呵護寵愛、疼愛你、體貼你，你也會用這種感情模式去回報別人。如果要說服別人，定會動之以情來打動別人會成功。如果有羊、陀、火、鈴、劫空、化忌同宮時，會在周圍環境中原本濃厚的感情會遭外來的刑剋而變樣子。亦會從中間發生古怪現象，感情變質，而對你不好，使你常在痛苦之中。自然你生活的環境也會變窮、變冷淡、變不順。有些和太陰陷落時一樣，有些更甚於太陰陷落的無財。

太陰單星居平或居陷在遷移宮時，表示周圍環境天生財就薄弱，你周圍的人對你會冷淡或不合，你一生享用的財也會少，會較窮，你會一出生就出生在窮人家，或是家人不算窮，但父母對你的愛較少，他們會很忙，疏於照顧你。未來你在女人團體、社會中，也沒有人緣，會受排擠。如果再有有羊、陀、火、鈴、劫空、化忌等煞星同宮時，表示更加刑剋了，因此會傷到生命，會更窮或有傷災，傷殘或病痛現象，生命會不長久。

太陰雙星形式在遷移宮時

同陰同宮的形式

同陰同宮在遷移宮時，你是空宮坐命的人，**在子宮**，表示你會有享福的、財多的環境，你一出生就家境還富裕，未來一生都會平順。

在此形式中，最特殊的就是擎羊坐命午宮，遷移宮在子宮為同陰，此為能威鎮邊疆的『馬頭帶箭』格。其人一生一定有大成就，故此格局一定要環境好、環境帶財，才可能人會有成就。若此格局在命盤上反過來就不是『馬頭帶箭』格了。

當同陰在遷移宮時，最好別有羊、陀、火、鈴同宮，否則會刑剋，其人周圍環境的財和福運，也會刑剋到其人本命的財和福運。

同陰在午宮為遷移宮時，是福和財都少，較窮和操勞的，其人也會慵懶、怠惰，這完全是本命財少，心窮之故，如再有煞星同宮，會刑剋更凶，更無財，生命也會減壽或有傷殘現象了。

機陰同宮在遷移宮的形式

機陰同宮在遷移宮時，你也是空宮坐命的人。**在寅宮**，你會坐命申宮為空宮，你外面的環境會變化大，起伏不定，會東奔西跑，很操勞，但能愈變愈好。因為你的父母宮和命宮為空宮，表示你的命運會奇特，你和父母緣份不深，也容易過繼給別人，或隨著養育你的人不時的變換環境，一生常搬家遷徙，四海為家，你也會做到處奔波的工作，靜不下來。你亦會情緒起伏大，但你能到遠方賺到錢。**在申宮**，代表外在環境變化快、動盪不安，且財少、財窮，你會生活辛苦，也易被送人做養子，容易一生不富裕，遭受冷淡對待，同時你也會心情起伏大、冷感，對人也不熱情和熱心，一生成就也差。

※日月在遷移宮的形式，在《上冊》已說過，不再重複。

太陰在福德宮時

太陰單星形式在福德宮時

太陰單星居旺在福德宮時

太陰單星居旺在福德宮時，你仍是『機月同梁』格的人。例如太陰在戌宮為福德宮，其人命宮為空宮，遷移宮為同梁，太陰在亥宮為福德宮，其人命宮為空宮，遷移宮為陽梁。太陰在酉宮為福德宮，其人是天機陷落坐命未宮，其遷移宮為天梁居旺在丑宮。因此你可以看這些人的遷移宮都有一顆天梁居廟、居旺。這表示：你天生有福份，又很體貼圓融、又是帶財的人。在周圍環境中常受到貴人或長輩的照顧、提攜，因他們是講究『情』的層面多一些的。講究上與下，老與少，長與幼的相對付出。相互回饋的方式在生活的，自然你也能享受到這些感情上的快樂，這些『情』是遠超脫出

愛情的範圍的，是高出愛情的範圍的。如果此時有有羊、陀、火、鈴、劫空、化忌和居旺的太陰一同同宮於福德宮時，又是『福不全』的現象了，會操勞，也享不到福，財運的源頭也會不佳，受到刑剋了，因此手中可用的錢財會更少，更窮。

太陰單星居陷在福德宮時，表示其本命的財就不多，會窮，是窮命，也會能力和智力不夠好。或是天生的觀念就不佳，不會用富裕圓融的方法來想事情，以致於其人一生所能得之財也會少。**例如太陰在卯宮為福德宮時**，其人是命宮在丑宮為天機陷落之人，其遷移宮有天梁居旺。**例如太陰在辰宮為福德宮是居陷時**，其人是空宮坐命、遷移宮是同梁在申，例如太陰在巳宮為福德宮居陷時，其人是空宮坐命卯宮，遷移宮為陽梁在酉。由此你也可看出，這些人的遷移宮也都有天梁星，但憑天梁星的旺陷，就能看出受到貴人或長輩的照顧有多少了。照顧多時，自然享受好一點、照顧少的，命就更差了。

太陰居陷在福德宮時，天生享用就少，自己帶財來也少，如再遇煞星刑剋，有羊、陀、火、鈴、劫空、化忌同宮，會命格更窮，會傷及身體的財的來源，因此會傷殘、受傷、有血光問題，易刑到生命的財，會命短。

雙星形式在福德宮時

同陰在福德宮時

當同陰在福德宮時，在子宮，表示天生較懶、愛享福，本命還財多，會用本命的財在過日子。其人在命宮、財帛宮都是空宮，遷

移宮有機梁會有長輩貴人給錢過日子，也易依賴他人過日子。**在午宮**，表示本命窮、懶惰、不聰明，愛享福享不到，本命宮與財帛宮也是空宮，也會靠父母或家人過日子。**有羊、陀、火、鈴、劫空、化忌同宮時**，會本命更窮，有傷殘現象與命短之狀況。

機陰在福德宮時

當機陰在福德宮時，**在寅宮**，表示你天生聰明、智商高也很會把握機會，本命財多一點，會做上班族生財，但會東跑西跑、勞動生財，或到遠方求財。你會內在情緒不穩定，也會影響你的財運，故你心情好時能進財，心情差時，會進財慢或不進財，因此你要記得隨時保持好心情才行。**在申宮**，表示你的聰明度高，但本命主貴，本命財少一點，你也會清高自持、不會理財，要小心工作做不久，或因情緒起伏多，而進財不順利。你要工作起勁、奔波生財，則會好一些。

※日月在福德宮時，請看《上冊》解說，不再重複。

第十章　太陰在『父、子、僕』、『兄、疾、田』對人之影響

第一節　太陰在『父、子、僕』對人的影響

太陰是月亮，用溫柔、多情、輕柔、皎潔的光芒照射大地，太陰具有母性的光輝，是用愛和感情，用暗中（陰的）力量，柔的力量來以柔克剛，去穿透人心的，是用慢慢的、漸進似的方式，引領人去改變的。同時也是用感情來感動別人，用潛移默化的方式去塑

造別人或周圍環境的。

太陰在六親宮中，都對六親中之女性親屬有刑剋作用。刑剋就是管束，但會有磨擦，造成內心不平衡。太陰在『父、子、僕』等宮位出現時，表示你會與父母、子女、朋友或同事有情緒上的起伏。也表示你會在家人、親屬及朋友中用情良多，而且女性在你的生命中極重要，影響最大。女性是太陰，就是財，得罪女人，就是與財有仇，可能薪水不保，而衣食有憂了。

太陰在父母宮時

太陰單星居旺在父母宮時

太陰單星居旺在父母宮時，表示父母是薪水族、收入好，父母疼愛你，對你用情多，亦表示父母是慈愛、體貼、顧念你，會發揮母愛光輝的人，你受母親的愛較多，母親對你恩澤大，你與母親較親密，但父親也會如同母親一樣愛你、疼你。你未來也會奉養父母。如果有羊、陀、火、鈴、劫空、化忌同宮時，父母會財少一些，會花錢多，但不一定花在你身上。也會對你感情沒那麼豐富，照顧你不周到。愛你、疼你也沒那麼深，你與父母沒那麼親密了，你與母親之間會有鴻溝。父母會小氣、吝嗇於感情的付出。你未來會與父母相處痛苦。

太陰單星居陷在父母宮時

太陰單星居陷在父母宮時，父母較窮，對你的愛較淡薄，也會因為生活較苦而疏於照顧你。更會因為知識水準不高或性格問題，不會愛人。你易早離家賺錢，會幼年窮困，年長時會靠自己改善生活，你易與父母感情不親密，或分隔兩地。你未來也許仍會奉養父母，但也不會太體貼入微。倘若有有羊、陀、火、鈴、劫空、化忌同宮時，幼年父母窮，也易送人做養子，或與父母無緣，也易早夭。若能長大，與父母感情很差到惡劣，相互為仇，自然不會奉養父母了。

太陰雙星形式在父母宮時

同陰在父母宮時

當同陰在父母宮時，在子宮，父母溫和、財多，會做薪水族，但收入好，是生活穩定、又好玩、財福享受都有的人，一生命好。父母也會做人處世很世故，給你的人生有很多參考意見，因此你會生活在快樂的環境中，未來也具有競爭力。

在午宮，父母較窮，性格溫和，是性懦弱而能力不足的人。你會獨攬家計、出外賺錢來照顧父母和兄弟姐妹。

如果有羊、陀、火、鈴、劫空、化忌同宮時，在子宮，父母會小氣懦弱、陰險，對你和其他的子女待遇會不一樣，你的命宮會有祿存，你的兄弟宮有陀羅，他們較笨，你會賺自己的財和衣食溫飽，你的家人也不富裕，大家會虎視眈眈的注視你的財，故你會因護自己的財而和家人不合，未來也不會聽父母的話。你會自顧自的過日子。**在午宮**，父母超窮、又懶、不工作，或有傷殘現象，或父母已亡一人，家計辛苦，你的命宮也有祿存，你也會自顧不暇，難以顧家人，偶而顧一下。

機陰在父母宮時

當機陰在父母宮時，父母脾氣古怪、陰晴不定、難相處。**在寅宮**，你是天府坐命丑宮的人，你本命有財，父母也聰明有財，是上班族。你與母親感情好，但仍受其情緒多變的影響而生氣，不過，你會感覺較遲鈍，也能體諒他，仍能保持好關係。有陀羅、火鈴、化忌、劫空時，父母脾氣壞，或頑固、古怪，與你也會感情不佳，

口舌是非多，本來你不一定會奉養他們。**在申宮時**，父母脾氣古怪，父母也較窮一點，做薪水工作，會薪水少，也對你照顧不多。你全靠自己打拼來得財，未來也會和父母離得遠。有羊、陀、火、鈴、劫空、化忌同宮時，父母與你感情更淡、緣份淺，你幼年可能送人養，未來你也不太會和父母同住奉養他。

※日月在父母宮時，在《上冊》中已談過，不再重複。

太陰在子女宮時

太陰單星在子女宮時

太陰單星居旺在子女宮時，居旺或居廟時，表示子女多，會生四到五個子宮，子女為你帶財，女兒多，女兒孝順，女兒成就好，但倘若你本身是女性，你仍會和女兒稍有刑剋，全是管束上的理念不合，同時在你的才華上，是一種和錢財或計算、理財方面的才華。你的子女也會是善於察言觀色，能體貼、體諒人的人，未來會奉養你。

如果有羊、陀、火、鈴、劫空、化忌同宮時，表示子女人數會減半或更少。只有一、二人，你也會和子女感情有磨擦，子女為脾氣壞、不好教養之人，未來他們也不會奉養你。同時在你的才華方面會古怪，或不實際，會脫離現實環境。

太陰單星在子女宮居平或居陷時，表示子女先天就不多，最多二、三人，有羊陀、火鈴時一人，子女會窮，無法為你帶財來。你會對子女的感情淡薄、較冷淡，你對子女付出的愛不夠多，未來他們也沒那麼愛你。你本身的才華少，有專業能力時，仍能生財，要小心存錢，守住財庫才要緊，倘若有羊、陀、火、鈴、劫空、化忌同宮時，表示與子女緣份不好，可能不生育，或子女遠離，你會享不到子女的福氣。你易不喜歡小孩，嫌麻煩。同時在才華上，你也乏善可陳。

太陰雙星在子女宮時

同陰在子女宮

同陰在子女宮時，在子宮，表示子女多，四、五人，子女乖巧、聽話，也會替你帶財來，賺錢給你花用。但子女還是做薪水族很平順的工作。他們會奉養你。**有擎羊、祿存、火、鈴、劫空、化**

忌同宮時，會子女少，有一人或未生子女，你未來的才華也古怪或無用。一生也不易存錢，會不富裕。在午宮，子女少，有二、三個，子女仍乖巧懦弱，但命中財少，也不太會幫你賺錢，可能更要靠你生活。**有擎羊、祿存、火、鈴、劫空、化忌同宮時**，不生子女，或與子女遠離、無緣份，未來你也無才華可用，易靠人吃飯過日子。

機陰在子女宮

機陰在子女宮時，在寅宮，子女聰明、乖巧、帶財來，能隨機應變，但未來會奔波工作，與你有距離。子女也會情緒不穩定，或不常在家。子女要常在家中，你才會存得住錢，財庫豐滿，子女不在家中，財庫空虛，會沒財。**有陀羅、火、鈴、化忌、劫空同宮**

時，子女會有時聰明、有時笨，或脾氣古怪，會與你緣份不佳，老年時，你要自己顧自己，以免子女在遠方相互難照顧。

在申宮，子女數會少，子女聰明但財少，亦表示你本身的才華亦是不實在的，要自己努力才能進步。**有陀羅、火、鈴、化忌、劫空同宮時**，最多子女二人，最少為無。你會有不實在、不實際的才華，也易變無用。你也不易賺錢或存錢，你也容易只享受愛情，而不結婚生子。

※日月在子女宮時，請看《上冊》。

太陰在僕役宮時

太陰單星居旺在僕役宮時

太陰單星在僕役宮時，居廟、居旺時，表示朋友是薪水族中收入較好的，朋友才華好，你和朋友交往方式是以貼心、關心、用感情相搏來交往的，故你對於不講究『情』的人，不會和他太親密。你會找磁場相同的人才和他交往，你會用感覺和第六感來檢測人的性格。因此和朋友來往時，會長長久久，**如果有祿存同宮時**，會交性格保守、不隨便亂花錢的人做朋友。**如果有羊、陀、火、鈴、化忌、劫空同宮時**，你的朋友的感情愛計較、善嫉妒，也會交到和你一樣小氣和對人不友善的人。

居平、居陷時，表示朋友或部屬都窮，朋友都是薪水族中低層階級的人，收入少、職位低，彼此來往也冷淡，一定要彼此有利才會來往。**有羊、陀、火、鈴、化忌、劫空同宮時**，朋友運更差，會孤獨，少和人來往。

太陰雙星在僕役宮

同陰在僕役宮時

同陰在僕役宮時，在子宮，朋友和部屬都溫和、有情，對你好，會帶財給你，他們大多數是上班族、薪水族。你也會對朋友寬容，有情義，要更會一起玩樂享福，快樂無比。**有擎羊、火、鈴、化忌、劫空同宮時**，朋友會懦弱、陰險或脾氣不好，脾氣古怪，你易受他們的氣，要小心！**在午宮**，朋友和部屬表面還溫和，但是窮命，比你窮。你會在環境中好運多，也常照顧別人，但你會嫌朋友同事麻煩多，有時你也易孤獨，不是太愛交朋友的狀態。**有擎羊、火、鈴、化忌、劫空同宮時**，你會孤獨不愛理人，朋友也對你不利，你人緣不佳。

機陰在僕役宮時

機陰在僕役宮時，**在寅宮**，朋友皆特別聰明，但情緒不穩定，偶而你會和他們玩樂在一起，但不長。你的人緣還不錯，會為你財、帶機會來。**有陀羅、火、鈴、化忌、劫空同宮時**，朋友是某方面笨、某一方面又聰明古怪的人，你根本把握不住其人情緒，故也無法好好維持友誼。**在申宮**，朋友是聰明但窮的上班族，你們彼此感情冷淡、不親密，也相互無助益。**有陀羅、火、鈴、化忌、劫空同宮時**，朋友運不佳，會相互拖累，或自做聰明而害到你，要小心『人災』之禍。

※日月同宮在僕役宮時，請看《上冊》。

第二節　太陰在『兄、疾、田』對人的影響

太陰在兄弟宮時

太陰單星居旺在兄弟宮時

太陰單星居旺在兄弟宮時，居旺、居廟時，表示家中兄弟姐妹多，有四、五人，尤以姐妹多，或姐妹有成就、財多，會支助你。姐妹也是最能體貼你，和你感情好的人。**有羊、陀、火、鈴、化忌、劫空同宮時**，兄弟姐妹少，姐妹與你不和，他們也會嫉妒你，阻礙你，刺痛你，他們會錢財不順，未來會拖累你。**居平、居陷時**，表示家中兄弟姐妹少，有二、三人或一、二人。且兄弟姐妹較

日月機巨《中冊》

窮，你會與姐妹感情淡薄。**再有羊、陀、火、鈴、化忌、劫空同宮時**，兄弟姐妹少或無，也會無緣、分離，沒感情、較窮，或相互剋害。

太陰雙星在兄弟宮

同陰在兄弟宮時

同陰在兄弟宮時，在子宮，兄弟是性格溫和，重感情的人，有兩、三個，以和姐妹最合睦、親密。相互會有錢財往來支助。兄弟姐妹財多、愛享福，你會和兄弟姐妹一起做休閒娛樂，玩在一起很快樂。**有擎羊、火、鈴、化忌、劫空同宮時**，兄弟姐妹少一些，中間有性格懦弱無用者，你會和他們有爭執不合，也不會相互幫助，

感情不親密。**在午宮**，兄弟姐妹少，他們是溫和但命中財少，感情較冷淡之人，你和姐妹不會太親密，和兄弟會好一點，也許只有兄弟無姐妹。你們會相安無事的過生活，未來還需照顧他們。**有擎羊、火、鈴、化忌、劫空同宮時**，無兄弟姐妹，或有一人，相互不來往，或感情淡，有衝突，也易分離，不同住一起。

機陰在兄弟宮時

機陰在兄弟宮時

在寅宮，兄弟二、三人，你與姐妹較親密，但他們皆是情緒不穩定、起伏大的人。未來他們會做上班族或東奔西跑的工作，或奔跑生財的工作，亦會到遠方求財。**有陀羅、火、鈴、化忌、劫空同宮時**，兄弟姐妹感情不算好，會彼此冷淡不相互幫助，也會兄弟少，或生離死別，緣份不佳。**在申宮**，兄弟少或兄弟遠離，感情淡薄，或有糾紛，兄弟姐妹也較窮，兄弟姐妹中多聰明而不會賺錢的。**有陀羅、火、鈴、化忌、劫空同宮時**，兄弟姐妹不和，兄弟姐妹少，彼此不相往來或少見面，也無法相互通財。有時會如仇敵不相往來。

※日月同宮在兄弟宮時，請看《上冊》。

太陰在疾厄宮時

太陰星單星在疾厄宮時

太陰星單星居旺在疾厄宮時，表示天生的命中資源豐厚、健康少災。縱然父母宮不佳所代表的遺傳因子不是那麼好，但仍能靠後

天的補足矯正，或在陰陽調合上注意，仍然能創造出好的生命資源出來，以及好的遺傳因子出來。但要小心生殖系統，男性包括輸精管、睪丸，女性包括子宮、輸卵管、卵巢的問題，以及內分泌的問題，膀胱、尿道、腎臟，要小心保養。

太陰在疾厄宮的人，都要注意下半身寒涼的問題，會影響生育以及肝腎，是人命中財源儲存的地方，不可有傷剋或薄弱現象。

如果有羊、陀、火、鈴、化忌、劫空同宮時，小心已刑剋人命的資源了，會短壽、身體傷殘，不能生育子女也是傷殘現象。而且要小心生殖器官如子宮、輸卵管、卵巢或輸精管、睪丸有癌症，亦要小心乳房、尿道、腎臟、膀胱、淋巴有癌症、腫瘤。

太陰星單星居平、居陷在疾厄宮時，表示其人先天資源會較少，易小時多病，不好養，長大才好一些，也易得感冒、風寒、氣管炎的問題，更易下半身寒涼，有生殖系統較弱。要多進補！小心腎虧、精力不佳。**有羊、陀、火、鈴、化忌、劫空同宮時**，有生殖系統的癌症，如子宮癌、乳癌、子宮頸癌，或輸卵管、膀胱、腎、尿道、輸精管、睪丸等癌症，生命會不長久。

太陰雙星同宮在疾厄宮

同陰在疾厄宮時

同陰在疾厄宮時，**在子宮**，身體狀況還不錯，你是紫殺坐命巳宮的人。你會身體強壯，但要小心有耳疾，或生殖系統，體內水道系統、內心泌系統不良症，也要小心血液循環不好。要多運動會好。**有羊、陀、火、鈴、化忌、劫空同宮時**，會被刑剋身體及生命的財，故要小心上述癌症的發生，會短命或病拖很久。**在午宮**，身體易欠安，生命資源少，耳疾及生殖系統的毛病會多。**再有羊、陀、火、鈴、化忌、劫空同宮時**，有傷剋、殘疾，易開刀，也易生癌症，生命不長。

機陰在僕役宮時

機陰在疾厄宮時，在寅宮居旺時，其人也容易頭面有破相，有皮膚病或痔瘡的毛病，但會有內分泌及生殖系統較弱的問題，更要小心肝腎的問題。女性要小心婦女病，男性要小心生殖系統較弱的問題。**有陀羅、火、鈴、化忌、劫空同宮時**，會生癌症，或傷災、開刀。

機陰居申宮為疾厄宮時，因太陰居平，故生殖系統不佳，且肝腎不好，男女皆要補身體。**有陀羅、火、鈴、化忌、劫空同宮時，**要小心癌症及車禍傷災。

※日月同宮在疾厄宮時，請看《上冊》。

太陰在田宅宮時

太陰是田宅主，入田宅宮最佳，但仍要以太陰在旺位入田宅宮最佳，一方面能保有較多的房地產。一方面能陰藏財庫、存錢，故會存私房錢。

太陰星單星居旺、居廟在田宅宮時，都是命宮中有一個破軍星的人，例如太陰在酉宮居旺為田宅宮，為破軍坐命午宮的人。太陰在戌宮入田宅宮居旺時，為命宮是紫破坐命未宮的人，太陰在亥宮入田宅宮的人，是破軍居申宮為得地之位的人。由此可知，本命喜歡錢財破耗的人，實際上會有很多房地產，他也很敢買田地、房產，更會將自己的財富存在房地產上面，以防自己衝動花掉。**有羊、陀、火、鈴、化忌、劫空同宮時**，房地產少，房地產易壞、破舊，或存不住。也要小心家中親人不合，其有女人不合，以及財庫有破洞、錢存不住，而十分辛苦。女命時要小心子宮有病變。

太陰星單星居平、居陷在田宅宮時，表示房地產少或無。家窮，家中人感情淡薄，不相互多關心一下。尤其女性最對你冷淡，也不會幫你存錢。**若有羊、陀、火、鈴、化忌、劫空同宮時**，其人家窮無房地產，或有破舊、已損壞之房地產。家人不和，女人是非多，也易永無房地產。

日月機巨
《中冊》

太陰雙星在田宅宮

同陰在田宅宮時

同陰同宮在田宅宮時，**在子宮**，表示你會白手起家，自己買房地產，會買到享受好、又舒適、有豪華美麗裝潢的房地產，或豪宅，家中人很溫和、相互體諒，也能常玩在一起，十分快樂，女子有此田宅宮時，會多生幾個小孩。**有擎羊、火、鈴、化忌、劫空同宮時**，房地產留不住，且家人不和，家中有錢財問題，家中也有女人爭執是非。此命為女命時，子宮不好，也不易生育，或子宮有病、切除。要小心癌症、錢財易留不住。

在午宮，家窮、房地產少，或有一棟外形平凡、不太美麗的房子。你家中的人是易懶惰、感情冷淡的人，家中女人常情緒不佳。

有擎羊、火、鈴、化忌、劫空同宮時，無房地產，或房子有破漏、裂縫、不值錢，也會突然失去或賣掉。此命為女子時，子宮有病，無法生育，也要小心癌症，錢財易留不住。

機陰在僕役宮時

機陰同宮在田宅宮時，在寅宮

機陰同宮在田宅宮時，在寅宮，其人自己會買房地產或失去房地產後再自置，你是武破坐命亥宮的人。在你的人生中有進有出，故財庫也會忽大忽小，只要持續努力，未來能有多幾棟房地產，但你會買實用、外型普通，價值能升高的房地產。你的財庫是不一定能存錢的，會有波動。**有陀羅、火、鈴、化忌、劫空同宮時**，你的房地產少又留不住，財庫財少。女性要小心子宮有病變、會生癌症。

在申宮，其人的房地產進出多次，但後來未必有錢買回，你是武破坐命巳宮的人，你會花錢很凶、很膽大、存不住錢。**倘若再有陀羅、火、鈴、化忌、劫空同宮時**，家中會更窮，沒有房地產，錢存不住。女人也要小心子宮有癌症或乳癌問題。

※日月同宮在田宅宮時，請看《上冊》。

請繼續觀看及研究《下冊》中有關天機、巨門兩顆星的內容

《中冊》

如何觀命・解命

法雲居士⊙著

古時候的人用『批命』
是決斷、批判一個人一生的成就、功過和悔吝。
現代人用『觀命』、『解命』
是要從一個人的命理格局中找出可發揮的潛能，
來幫助他走更長遠的路及更順利的路。
從觀命到解命的過程中需要運用很多的人生智慧，但是我們可以用不斷的學習
就能豁然開朗的瞭解命運。

法雲居士從紫微命理的觀點來幫助你找出命中的財和運，
也幫你找出人生的癥結所在。
這本『如何觀命・解命』也徹底讓你弄清楚算命的正確方向。

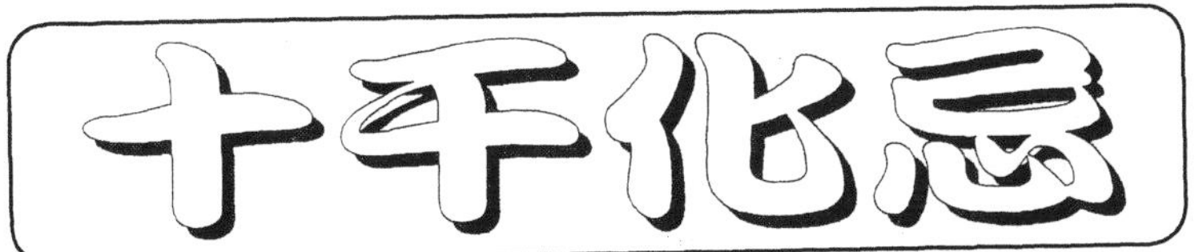

法雲居士⊙著

『權祿科忌』是一種對人生的規格與約制，十種年干形成十種不同的、對人命的規格化，以出生年份所形成的四化，其實就已規格化了人生富貴與成就高低的格局。
『權祿科』是決定人生加分的重要關鍵，
『化忌』是決定人生減分的重要關鍵，
加分與減分相互消長，形成了人世間各個不同的人生格局。『化忌』也會是你人生命運的痛腳及力猶未逮之處。

這是一部套書，其餘是『羊陀火鈴』、『權祿科』、『天空、地劫』、『昌曲左右』、『殺破狼』、『府相同梁』。

這套書是法雲居士對學習紫微斗數者常忽略或弄不清星曜特質，常對自己的命格有過高的期望或過於看輕的解釋，這兩種現象都是不好的算命方式。因此，以這套書來提供大家參考與印證。

在每個人的命格之中，文昌、文曲、左輔、右弼
都佔有重要的位置。
昌曲二星不但是主貴之星，也直接影響人的相貌、
氣質和聰明度，更會為你的人生帶來不同的變化和
創造不同的人生。
左輔、右弼是兩顆輔星，助善也助惡，
在你的命格中，到底左輔、右弼兩顆星是和吉星同宮
還是和凶星同宮呢？
到底左右二星有沒有真的幫忙到你的人生呢？

這是一套十本書的套書，其餘是『權祿科』、『羊陀火鈴』、
『十干化忌』、『天空、地劫』、『殺破狼』上下冊、
『府相同梁』、『紫廉武』、『日月機巨』等書。

這套書是法雲居士對於學習紫微斗數者常忽略或弄不清
星曜特質，常對自己的命格不是有過高的期望，就是有
過於看低自己命格的解釋，這兩種現象都是不好的算命
方式。因此，以這套書來提供大家參考與印證。

用你的運氣來減肥瘦身

法雲居士⊙著

人身邊的運氣有很多種，有好運，也有衰運、壞運。通常大家只喜歡好運，用好運來得到財富和名利。
但通常大家也不知道，所有的運氣都是可用之材。衰運、壞運只是無法得財、得利，有禍端而已，也是有用處的。只要運用得當，即能化險為夷，反敗為勝。並且運用得法，還能減肥、瘦身、養生。

這是一種不必痛，不必麻煩，會自然而然瘦下來的減肥瘦身術，以前減肥失敗的人，應該來試試看！
學會這套方法之後，會讓你的人生全部充滿好運跟希望，所有的衰運也都變成有用的好運了！

法雲居士⊙著

偏財運的暴發能量＝人的質量×時間^2
（本命帶財）

本書是討論會中樂透彩的人必有其特質，其中包括了『生命財數』與『生命數字』。
能中樂透彩的人必有暴發運，
世界上有三分之一的人有暴發運。
因此能中樂透彩之人必有其數字金鑰和生命密碼。
如何運用這個密碼和金鑰匙打開生命中的最高旺運機會，又將在何時能掌握到這個生命的最高峰，這本『樂透密碼』將會為您解開通往幸運之門的答案！

命理生活新智慧・叢書04

你一輩子有多少財

教你預估命中財富的方法

法雲居士◉著

◉有人含金鑰匙出生，
有人終身平淡無奇，
老天爺真的是那麼不公平嗎？
你的命裡到底有多少財？
讓這本書告訴你！

命理生活新智慧・叢書

看人過招300回

- 如何與聰明、幹練的人過招
- 如何與陰險、狡詐的人過招
- 如何與愛錢的人過招
- 如何與勤快、愛嘮叨的人過招
- 如何與懶惰、好吃、好色的人過招
- 如何與愛權的人過招

考試你最強

法雲居士◎著

讓老天爺站在你這邊幫忙你考試

- 老天爺給你一天中的好時間、給你主貴的『陽梁昌祿』格、給你暴發運的好運、給你許許多多零碎的、小的旺運來幫忙你K書、考試。但你仍需有智慧會選邊站，老天爺才會站在你這邊！

如何運用運氣來考試

- 運氣是由許多小的時間點移動的過程所形成的，運用及抓住好的時間點，就能駕馭運氣、讀書、K書就不難了，也更能呼風喚雨，任何考試都手到擒來，考試強強滾！
考試你最強！

簡單・輕鬆・好上手

讓你簡簡單單、輕輕鬆鬆，一手掌握自己的命運！

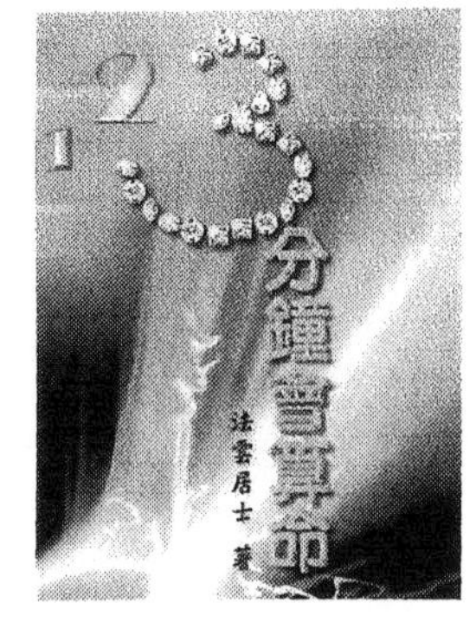

誰說紫微斗數要精準，就一定要複雜難學？
即問、即翻、即查的瞬間功能，
一本在手，助你隨時掌握幸運人生，
趨吉避凶，一翻搞定。
算命批命自己來，命運急救不打烊，
隨時有問題隨時查。

《三分鐘會算命》就是你的命理經紀，
專門為了您的打拚人生全程護航！

命理生活新智慧・叢書 49

紫微命格論健康

（上、下二冊）

『紫微命格論健康』下冊是詳述命理和人身體上病理之間相互關係的一本書。

上冊談的是每個命格在健康上所展現的現象。

下冊談的是疾病因命格不同所產生的理論問題。

也會教你利用流年、流月、流日來看生理狀況和生病日。

以及如何挑選看病、開刀，做重大治療的好時間與好方位。還會談及保養和預防的要訣。

紫微斗數是最能掌握時間要素的命理學。
生命和時間有關，
能把握時間效應，就能長壽。
故這本書也是教你如何保護生命資源
達到長壽目的的一本書。

法雲居士⊙著

金星出版

如何創造事業運

人生中有千百條的道路，
但只有一條，是最最適合你的，
也無風浪，也無坎坷，可以順暢行走的道路
那就是事業運！
有些人一開始就找對了門徑，
因此很早、很年輕的便達到了目的地，
成為事業成功的菁英份子。
有些人卻一直在茫然中摸索，進進退退，虛度了光陰。
屬於每個人的人生道路不一樣，屬於每個人的事業運也不一樣
要如何判斷自己是否走對了路？
一生的志業是否可以達成？
地位和財富能否得到？在何時可得到？
每個人一生的成就，在紫微命盤中都有顯示，
法雲居士以紫微命理的方式，幫助你檢驗人生，
找出順暢的路途，完成創造事業運的偉大工程！

成功的人都有成功的好朋友！
失敗的人也都有運程晦暗的朋友！
好朋友能幫助你在人生中『大躍進』！
壞朋友只能為你『扯後腿』！
如何交到好朋友？
好提升自己人生的層次，進入成功者的行列！
『交友成功術』教你掌握『每一個交到益友的企機』！
讓你此生不虛此行！

對你有影響的

殺・破・狼

《上、下冊》

每一個人的命盤中都有七殺、破軍、貪狼三顆星，
在每一個人的命盤格中也都有『殺、破、狼』格局，
『殺、破、狼』是人生打拚奮鬥的力量，
同時也是人生運氣循環起伏的一種規律性的波動。
在你命格中『殺、破、狼』格局的好壞，
會決定你人生的成就，
也會決定你人生的順利度。

『殺、破、狼』格局既是人生活動的軌跡，
也是命運上下起伏的規律性波動。
但在人生的感情世界中更是一種親疏憂喜的現象。
它的變化是既能創造屬於你的新世界，
也能毀滅屬於你的美好世界，對人影響至深至遠。
因此在人生中要如何把握『殺、破、狼』的特性，
就是我們這一生最重要的功課了。

這是一套十本書的套書，其餘是『殺破狼』上冊、
『權祿科』、『十干化忌』、『羊陀火鈴』、『天空、地劫』、
『昌曲左右』、『府相同梁』、『紫廉武』、『日月機巨』等書。

紫微命格論健康

法雲居士⊙著

在中國醫藥史上，以五行『金、木、水、火、土』便能辨人病症，
在紫微斗數中更有疾厄宮是顯示人類健康問題的主要窗口，
健康在每個人的人生中是主導奮發力量和生命的資源，
每一種命格都有專屬於自己的生命資源，
所以要看人的健康就不是單單以疾厄宮的內容為憑據了，
而是以整個命格的生命跡象、運程跡象為導向，來做為一個整體的生命資源的架構。
沒生病並不代表身體真正的健康強壯、生命資源豐富。
身體有隱性病灶、殘缺的，在命格中一定有跡象顯現，

健康關係著人生命的氣數和運程的旺弱氣數，
如何調養自身的健康，不但關係著壽命的長短，也關係著運氣的好壞，
想賺錢致富的人，想奮發成功的人，必須先鞏固好自己的優勢、資源，
『紫微命格論健康』就是一本最能幫助你檢驗出健康數據的書。

對你有影響的

法雲居士⊙著

在每個人的命盤中都有紫微、廉貞、武曲三顆星，同時這三顆星也具有堅強的鐵三角關係，會在三合宮位中三合鼎立著，相互拉扯，關係緊密、共同組織、架構了你的命運。這也同時，紫微、廉貞兩顆官星和武曲一顆財星，也共同主宰了你的命運！當命盤中的紫、廉、武有兩顆以上居旺時，你的人生就會富足的多，也事業順利、有成就。如果有兩顆以上都居平、陷之位時，則你人生中的過程多艱辛、窮困、不太富裕。要看命好不好？就先從你命盤中的這三顆星來分析吧！

對你有影響的

在每一個人的命盤中都會有羊、陀、火、鈴出現，這些星曜其實會根據其本身特質來幫助或影響命格，有加分、減分的作用。羊、陀並不全都不好。

火鈴也有好有壞，端看我們怎麼運用它們的長處，和如何抵制它們的短處，就能平撫羊、陀、火、鈴的刑剋不吉。以及利用它們創造更高層次的人生。

這是一套六本書的套書，其餘是『權科祿』、『化忌、劫空』、『昌曲左右』、『殺破狼』、『府相同梁』。

這套書是法雲居士對學習紫微斗數者常忽略或弄不清星曜特質，常對自己的命格有過高的期望或過於看輕的解釋，這兩種現象都是不好的算命方式。因此，以這套書來提供大家參考與印證。

如何選取喜用神

(上冊)選取喜用神的方法與步驟

(中冊)日元甲、乙、丙、丁選取喜用神的重點與舉例說明

(下冊)日元戊、己、庚、辛、壬、癸選取喜用神的重點與舉例說明

每一個人不管命好、命壞，都會有一個用神和忌神。
喜用神是人生活在地球上磁場的方位。
喜用神也是所有命理知識的基礎。
及早成功、生活舒適的人，都是生活在喜用神方位的人。
運蹇不順、夭折的人，都是進入忌神死門方位的人。
門向、桌向、床向、財方、吉方、忌方，全來自於喜用神的方位。
用神和忌神是相對的兩極。
一個趨吉，一個是敗地、死門。
兩者都是人類生命中最重要的部份。
你算過無數的命，但是不知道喜用神，還是枉然。
法雲居士特別用簡易明瞭的方式教你選取喜用神的方法，
並且幫助你找出自己大運的方向。

如何用偏財運來理財致富

法雲居士⊙著

偏財運會創造人生的奇蹟，
偏財運也會為人生帶來財富，
但『暴起暴落』始終是人生中的夢魘。

如何讓暴發的財富永遠留在你的身邊，如何用一次接一次的偏財運增高你的人生格局。

這本『如何用偏財運來理財致富』就明確的提供了發財的方法和用偏財運來理財致富的訣竅，讓你永不後悔，痛快的過你的人生！

法雲居士⊙著

人有面相，房屋就有『屋相』。
人有命運，房屋也有命運。
具有好命運的房子，也必然具有好風水與好『屋相』。

房子、住屋是人外在環境的一部份，人必須先要住得好、住得舒適，為自己建造好的磁場環境，才會為你帶來好運和財運。
因此你住了什麼樣的房子，和為自己塑造了什麼樣的環境，很重要！

這本『紫微屋相學』不但告訴你如何選擇吉屋風水的事，更告訴你如何運用屋相的運氣來為自己增運、補運！

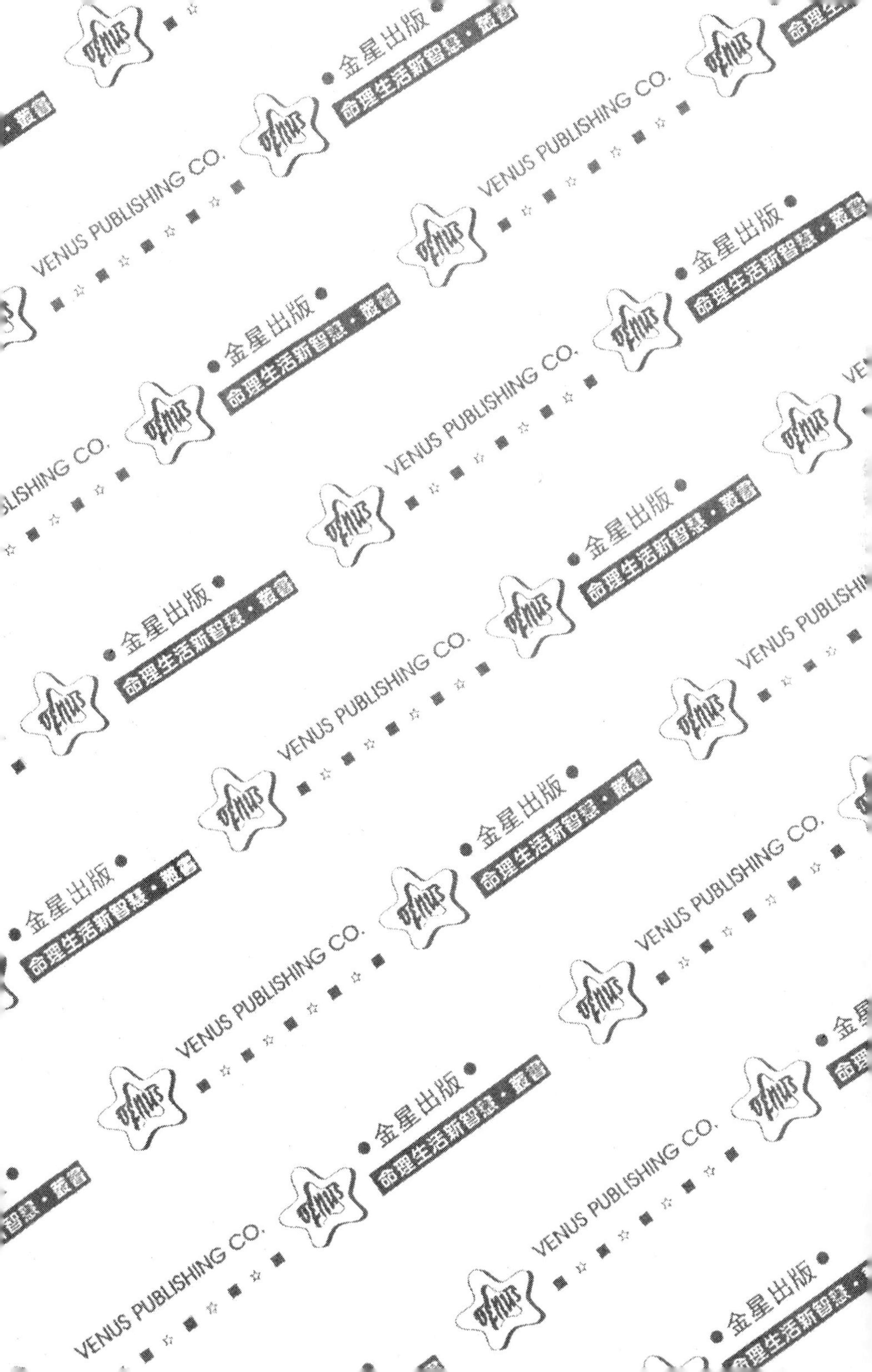
VENUS PUBLISHING CO.
金星出版
命理生活新智慧・叢書

VENUS PUBLISHING CO.
金星出版
命理生活新智慧・叢書